D1672450

Otto Ineichen, Was läuft schief?

Otto Ineichen

Was läuft schief?

Wege zu einer erfolgreichen Schweiz

© 2004 Orell Füssli Verlag AG, Zürich
www.ofv.ch
Alle Rechte vorbehalten

Umschlagabbildung: Otto's AG, Sursee
Druck: fgb • freiburger graphische betriebe, Freiburg i. Brsg.
Printed in Germany

ISBN 3-280-05122-3

Bibliografische Information der Deutschen Bibliothek:
Die Deutsche Bibliothek verzeichnet diese Publikation in der
Deutschen Nationalbibliografie; detaillierte bibliografische
Daten sind im Internet über http://dnb.ddb.de abrufbar.

Inhaltsverzeichnis

sitäten wäre weniger mehr: zwei bis drei
Elite-Universitäten würden den Wettbewerb
ankurbeln.
Votum von Christophe Soutter: «Weiterbildung kann
und darf keine Staatsdomäne sein!»

Die Landwirtschaft ist in Produktion wie in
Natur- und Landschaftspflege unentbehrlich –
Überregulierung und Verstaatlichung machen unseren Bauern das Leben schwer – wir können die
Direktzahlungen weder ausbauen noch kürzen –
gefragt sind neue Ideen wie etwa die Betreuung
von Pflegebedürftigen auf Bauernhöfen!

In der Politik darf es keine Tabus geben, daher
sage ich offen: Die Zuwanderung in die Schweiz
ist enorm – es kommen immer mehr Menschen zu
uns, die hier nicht arbeiten, sondern nur unsere
Infrastruktur belasten – wir benötigen deshalb
eine nüchterne Ausländer- und Asylpolitik mit
Augenmass.

Der Schuldenberg wächst dramatisch – das Parlament schaufelt ständig neue Milliardenlöcher –
wann kommt der finanzielle Kollaps?

Einleitung

Ein Fiasko hat mich weitergebracht – auch die Krise der Schweiz ist eine Chance für die Zukunft – jetzt können wir noch handeln – gefragt ist Sach- statt Parteipolitik – jeder wird da und dort kürzer treten müssen.

Das Jahr 1977 werde ich nie vergessen – jenes Jahr, das über meine Zukunft entschied. Die Viaca AG in Geuensee, ein Betrieb der Fleischwarenbranche, den ich zehn Jahre zuvor mit meinen Bruder gegründet hatte, musste ich für einen symbolischen Franken verkaufen. Mein ganzes Vermögen war weg, alle Hoffnungen, ein erfolgreicher Unternehmer zu werden, hatten sich in Luft aufgelöst. Ich stand – als dreifacher Familienvater, ein viertes Kind war unterwegs – am Nullpunkt und war, ehrlich gesagt, ziemlich verzweifelt.

Aber nicht für lange. Kurz nach diesem Tiefpunkt rappelte ich mich hoch. Nach einem schweren Unwetter im Tessin konnte ich die Warenbestände eines stark betroffenen Einkaufszentrums übernehmen und gründete damit mein neues Unternehmen «Otto's Schadenposten», das heute «Otto's AG» heisst, über 85 Filialen in der ganzen Schweiz zählt und auch ein wichtiger Arbeitgeber in der Innerschweiz ist.

Warum ich das alles erwähne? Ich möchte an meinem eigenen Beispiel zeigen, dass Krisen dazu sind, um daraus zu lernen und daran zu wachsen. Ohne meinen Bankrott wäre ich wohl nicht da, wo ich heute bin. Ich bin ein Mensch, der Traditionen schätzt und sie in vielerlei Hinsicht hoch hält –

und doch weiss ich, dass Festhalten am Bestehenden ruinös sein kann. Manchmal braucht es einen Aufbruch nach vorn und grosse Veränderungen, um weiterzukommen. Das gilt auf der persönlichen, aber natürlich auch auf der politischen Ebene. Manchmal können Krisen echte Chancen sein, weil sie dringende Veränderungen nötig machen. Meiner Ansicht nach – und ich stehe damit glücklicherweise nicht allein – befinden wir uns gegewärtig in einer Situation, in der wir das Steuer herumreissen müssen. Natürlich können wir noch ein paar Jahre fortfahren wie bisher, aber das würde den Arbeits- und Werkplatz Schweiz dermassen schädigen, dass wir alle langfristig Einbussen an Einkommen, Sicherheit und Lebensqualität hinnehmen müssten. Wenn wir jetzt, wo wir noch handeln können, nicht umdenken, werden uns die Umstände eben irgendwann zum Umdenken zwingen. Auch wenn heute einige Zeichen darauf hinweisen, dass es mit unserer Wirtschaft aufwärts geht, dürfen wir uns nicht in falscher Sicherheit wiegen: Auch eine vorübergehende Verbesserung soll uns nicht über die grossen Strukturprobleme hinwegsehen lassen. Sonst droht ein böses Erwachen.

Ich bin kein Schönredner, sondern sage es offen: Die Eingriffe, die jetzt nötig sind, werden schmerzhaft sein. Aber – und das macht sie vielleicht eher erträglich – sie werden jeden irgendwo betreffen, jeder wird da und dort etwas abgeben müssen.

Wenn es um die Schweiz geht, sollten möglichst alle am gleichen Strick ziehen: Alle müssen an einer starken Wirtschaft, an gesunden Staatsfinanzen, an einem funktionierenden Gemeinwesen interessiert sein. Sämtliche Denkweisen, die nur auf den kurzfristigen, persönlichen Profit abzielen, sind heute fehl am Platz. Vor allem auch in der Politik. Ich fordere deshalb von denen, die in Parlamenten sitzen oder

Regierungsämter bekleiden, während der laufenden Legislaturperiode jede kurzsichtige, einäugige Parteipolitik zugunsten einer langfristig angelegten, über den Einzelinteressen stehenden Sachpolitik aufzugeben. Andererseits fordere ich vom Volk, dass es konstruktive Kräfte in den Parlamenten und Regierungen honoriert – und nicht Politiker einfach abwählt, die sich für schmerzhafte, aber schlicht notwendige Massnahmen einsetzen. Wenn alle nur auf ihre persönlichen Anliegen und momentanen Interessen schielen und ihre Wahlzettel entsprechend ausfüllen, wird kein Politiker, keine Politikerin bereit sein, echte Sachpolitik zu betreiben.

Politiker, Wähler, Unternehmer, Arbeitnehmer – alle müssen jetzt zusammenstehen und die langfristige Vernunft über jedes kurzfristige Interesse stellen. Wir brauchen in allen Kreisen Leute, die Brücken schlagen. Ich selber will ein solcher Brückenbauer sein und suche überall Verbündete – von links bis rechts, auf Arbeitnehmer- wie auf Arbeitgeberseite.

Mit diesem Buch möchte ich aber nicht einfach einen allgemeinen Aufruf zur Trendwende in Politik und Wirtschaft unter die Leute bringen – solche Bücher gibt es schon genug –, sondern konkret aufzeigen, wo die Probleme liegen und was getan werden muss, um sie zu lösen. Mein Buch erhebt keinen Anspruch auf Wissenschaftlichkeit; es will eine einfache Anleitung für eine gesunde Schweiz sein; darum ist es in einer einfachen Sprache und möglichst knapp verfasst. Ich schlage auch keine Massnahmen vor, die irgendwo im Wolkenkuckucksheim angesiedelt sind, sondern solche, die sich effektiv umsetzen lassen. Theorien sind gut, doch Veränderungen müssen in der Praxis erfolgen. In drei Jahren möchte ich Bilanz ziehen und Punkt für Punkt überprüfen, was wir erreicht haben.

Wie gesagt: Es reicht nicht, von Veränderung zu sprechen. Veränderungen sind jetzt nötig – auch wenn sie manchmal weh tun!

Der Inhalt dieses Buches beruht auf eigenen Erfahrungen, unzähligen Gesprächen mit Experten, Bundesangestellten und Politikern, auf Fachbüchern, Mitteilungen aus dem Bundeshaus sowie Medienberichten. Ich möchte allen danken, die mich beim Verfassen des Buches unterstützt haben: Kollegen aus der Politik, Journalisten und Texter. Dankbar erinnere ich mich auch an die regen Diskussionen mit Bürgerinnen und Bürgern unserer Schweiz, deren Sorgen und Nöte ich dadurch kennen gelernt habe. Für mögliche Fehler in diesem Buch bin ich allen verantwortlich! Damit das Buch leserlich bleibt, habe ich wenn immer möglich auf detaillierte Quellenangaben verzichtet. Das Buch entstand innerhalb knapp 7 Wochen in Tag- und Nachtarbeit.

Dieses Buch widme ich den beiden neuen Bundesräten Christoph Blocher und Hans-Rudolf Merz, die eine Wende eingeläutet haben. Bundesrat Blocher hat im eigenen Departement viel Mut bewiesen und gezeigt, was Führung heisst. Hans-Rudolf Merz legt – mit etwas mehr Diplomatie – den Finger immer wieder auf wunde Punkte und weist ständig darauf hin, dass es so nicht weitergehen kann.

Mit meiner Widmung möchte ich nichts gegen die übrigen Mitglieder des Bundesrats gesagt haben – doch die Trendwende verdanken wir wohl den beiden neuen Ministern. Weiter widme ich dieses Buch auch den konstruktiven Kräften im Parlament. Ich bin überzeugt, dass es solche in allen Fraktionen gibt!

1. «Sparen ja, aber bitte nicht bei mir!»

Wir blockieren uns bei vollem Bewusstsein, verzetteln uns in ideologischen Grabenkämpfen und scheuen uns, dem Volk reinen Wein einzuschenken – es darf nicht sein, dass jener, der die Wahrheit sagt, deswegen abgewählt wird – nur die allerdümmsten Kälber wählen ihre Metzger selber!

«Die da oben in Bern tun ja doch, was sie wollen» – der Vorwurf ist alt, aber er war wohl noch nie so häufig zu hören wie heute. Wohin ich seit meiner Wahl zum Nationalrat im Herbst 2003 auch gehe, überall begegne ich Menschen, die mir sagen, wie unzufrieden sie mit der Schweizer Politik sind. Sie regen sich über die ewigen Unverbindlichkeiten der Politikerinnen und Politiker auf, stören sich an den häufigen Absenzen im Parlament, regen sich über die alles blockierenden Grabenkämpfe zwischen Links und Rechts auf. Wir Politiker sollten uns nicht darüber wundern, dass unsere Glaubwürdigkeit heute auf einem Tiefpunkt angelangt ist – denn wir tun alles, um das Vertrauen der Bevölkerung zu erschüttern. Dass wir in einer für viele wirtschaftlich schwierigen Zeit unsere Spesenentschädigungen fürs Essen massiv erhöht haben, ist stossend. Als Insider muss ich jedenfalls sagen: Der Eindruck, den viele von «denen in Bern» haben, ist nicht einfach falsch. Ich habe in den ersten Sessionen erlebt, dass ein tiefer Graben durchs Parlament geht, die Fronten komplett verhärtet sind. Links und rechts dominieren Ideologen, denen es nicht darum geht, gute Kompromisse zu finden, sondern der anderen, «feindlichen» Seite möglichst keine Zugeständnisse zu machen. Frei nach dem Motto: Wenn ich nicht alles kriege, dann bekommst du gar nichts. So hofft man offenbar, sich bei der Bevölkerung und den Wählern als besonders starke Kraft zu profilieren. In Wirklichkeit sorgt man aber nur für Blockade – und löst den viel zitierten Reformstau aus.

Raus mit «Vogel Strauss» aus dem Parlament!

Zwei Debatten haben meines Erachtens das Fass in jüngster Zeit zum Überlaufen gebracht: Es hat kaum jemand verstanden, warum einige Parlamentarier beim Betäubungsmittel-Gesetz die Köpfe in den Sand steckten und beschlossen, gar nicht erst darauf einzutreten. Damit wurde ein Zustand zementiert, mit dem nun wirklich niemand glücklich ist – weder jene, die das Kiffen legalisieren wollen, noch jene, die es unter Strafe stellen möchten. Wir hängen in der Luft, wissen nicht, was tun. Statt an dieser unglücklichen Situation etwas zu ändern, scheinen wir sie zu hegen und pflegen. Als sei Nichtstun bei einem so drängenden Problem eine Lösung!

Ebenfalls gar nicht beliebt machten wir Politiker uns mit dem Gezerre um das so überaus wichtige Steuerpaket. Statt dem Volk eine saubere Lösung für die längst erkannten Probleme im Steuerwesen zur Abstimmung vorzulegen, präsentierten wir ihm ein total überladenes Fuder. Weil niemand über seinen Schatten springen konnte und sich bereit zeigte, auch hier und da auf etwas zu verzichten, wurde das Steuerpaket mit unzähligen Zückerchen für diese oder jene Gruppe aufgebläht. Jeder mit gesundem Menschenverstand musste erkennen, dass eine derart zerfledderte Vorlage chancenlos sein würde. Obwohl jeder zugeben muss, dass es eine völlig verfehlte Familienpolitik ist, verheiratete Paare höher zu besteuern als unverheiratete, wurde das Problem wieder auf die (jahre-)lange Bank geschoben.

Verrückt ist für mich: All jene, welche die Schweiz blockieren, tun das in vollem Bewusstsein. Es kann nun wirklich niemand behaupten, ihm oder ihr sei nicht bekannt, in welchem Zustand sich die Schweiz befindet und welche Probleme gelöst werden müssen. Seit Jahren weisen Wirtschafts- und Politikwissenschaftler sowie Institute aller Schattierungen auf die gewaltigen Probleme unseres Landes hin. Fast täglich berichten die Medien über den Reformbedarf der Schweiz, jeden Monat erscheinen Bücher, die schonungslos aufzeigen, was zu tun wäre.

Trotzdem geschieht nichts. Weil eben nur ganz wenige bereit sind, über den eigenen Schatten zu springen und, wo notwendig, auch einmal die eigenen Reihen zu kritisieren. Links dominiert die Scheinheiligkeit, rechts die Überheblichkeit. Die Linke kritisiert zum Beispiel zu Recht die schamlose kurzfristige Bereicherung einzelner Wirtschaftsexponenten – vor der ebenso schamlosen Bereicherung jener, die gezielt unsere staatlichen Institutionen ausbeuten, verschliessen sie aber am liebsten die Augen. 10 Prozent aller jungen Erwachsenen in der Stadt Basel beziehen Sozialhilfe – das darf doch nicht wahr sein! Aber wer eine solche Tatsache nur schon erwähnt, wird als sozialer «Hardliner», ja fast als Unmensch dargestellt.

Die Rechte ist allerdings nicht viel ehrlicher. Zum einen beruft sie sich ständig auf «Volkes Stimme», zum anderen will sie dem kurzfristigen Gewinn zuliebe auch wichtige Instrumente der politischen Auseinandersetzung wie das Verbandsbeschwerderecht vom Tisch wischen. Bei diesem Recht liesse sich bestimmt über kürzere Fristen oder schnellere

Wege der Abwicklung reden; wer aber die Streichung dieses Rechts fordert, nimmt in Kauf, dass gar nichts geschieht, weil dafür keine Mehrheiten zu finden sind.

Schenkt dem Volk reinen Wein ein!

Uns Politikern scheint der Mut zum tiefgreifenden Wandel zu fehlen – einem Wandel, der ganz klar bei jedem selbst beginnt. Ich habe oft den Eindruck, wir würden von Krise nichts hören wollen. Mut und Offenheit sind aber wesentliche Voraussetzungen, will man Reformen vorantreiben. Denn die langfristige Erhaltung der vielen grossartigen Errungenschaften der Schweiz ist nur möglich, wenn wir bereit sind, von unserer viel zu hohen Ansprüchen herunter zu kommen – wenn wir sinngemäss sagen: Wir verzichten jetzt hier und da ein bisschen auf etwas, was für uns heute eine Selbstverständlichkeit ist, damit es auch morgen noch für alle reicht. Wir stärken den Werk- und Arbeitsplatz Schweiz, damit eine soziale Schweiz auch langfristig finanzierbar bleibt. Dafür ergreifen wir jetzt einschneidende Massnahmen, die auch einmal weh tun.

Es ist die vordringliche Aufgabe der Politikerinnen und Politiker, dem Volk reinen Wein einzuschenken und ihm glaubhaft darzulegen, dass es schmerzhafte Schnitte braucht, um Wettbewerbsfähigkeit und Wohlstand der Schweiz zu erhalten. Ich werde jedoch den Eindruck nicht los, die meisten Politiker sind nicht bereit, offen und ehrlich die Schwachpunkte aufzuzeigen.

Weil sie offenbar im Parlament sitzen, um wiedergewählt zu werden – und nicht, um etwas zum Besseren zu bewegen –, stimmen sie Vorlagen zu, die Milliarden von Franken kosten und nichts bringen. Es ist ja nicht ihr Geld, das sie verschleudern. So herrscht Ruhe an der Wählerfront, niemand muckt auf.

Als Beispiel sei die Abstimmung über die Verlängerung des Beschlusses über den reduzierten Mehrwertsteuersatz für die Hotellerie, der bis 2008 gilt, genannt. Quer durch alle Parteien wurde dieser Vorlage zugestimmt, um die Wähler nicht aufzuscheuchen. Doch jede Partei müsste ehrlich sagen: Wir können uns heute den reduzierten Mehrwertsteuersatz für eine Branche nicht mehr leisten, weil der Schuldenberg ins Unermessliche wächst. Zudem stellt er eine nicht gerechtfertigte Bevorzugung der Hotellerie dar.

Links und rechts sind Massenparteien mit klar abgrenzbarem Wählerpotenzial entstanden. Die Parteiprogramme haben sich auf Schlagworte reduziert. Die Folge davon ist ein Mangel an Konsensfähigkeit – und ein wachsender Scherbenhaufen in der Gesetzgebung. So werden Vorschläge von Kommissionen, die überparteilich ausgehandelt wurden, im Plenum neu diskutiert und schliesslich auseinandergenommen. Die Parteien beharren auf ihren Anträgen, obwohl sie in den Kommissionen vertreten und dadurch an der Konsensfindung beteiligt waren; unzählige Minderheitsanträge verunmöglichen schliesslich jede Verhandlung im Parlament. Dabei denke ich vor allem an das Ausländergesetz. Vor diesem Hintergrund ist es nicht einmal erstaunlich, dass das Parlament bei zahlreichen Vorlagen Nichteintreten beschliesst oder Ablehnungen bei Gesamtabstimmungen zur Tagesordnung gehören. Weil heute Parteipolitik alles dominiert, ist die Konkordanz zur Farce verkommen.

Die Folge davon lässt sich beziffern: Der Staat wächst und wächst und wächst. Obwohl wir beim Wirtschaftswachstum zu den Schlusslichtern Europas gehören, sind die Staatsausgaben in den letzten Jahren überproportional gestiegen. 1990 gaben Gemeinden, Kantone und Bund zusammen 105 Milliarden Franken aus – im Jahr 2002 waren es bereits 168 Milliarden. Das entspricht einer Zunahme von 60 Prozent, damit ist die Schweiz von allen OECD-Staaten das Land mit dem höchsten Ausgabenwachstum überhaupt. Wir geben viel mehr Geld aus, als wir haben – und sinken täglich tiefer in den Schuldensumpf. 1990 betrug die Staatsschuld noch 98 Milliarden Franken, bis 2002 war sie auf sage und schreibe 235 Milliarden Franken angestiegen. Die nachfolgenden Generationen werden an dem, was wir heute anrichten, schwer zu tragen haben.

Ideologische Grabenkämpfe bringen uns nicht nicht weiter

Überdurchschnittlich angestiegen sind vor allem die Sozialausgaben. Im heutigen System ist es für viele Menschen lukrativer, Sozialleistungen zu beziehen, als zu arbeiten, was naturgemäss viele, die hohe Steuern bezahlen, ärgert. Denn die Gutverdienenden und insbesondere die Kleinunternehmer spüren, dass sie für ihren Ertrag einen viel zu hohen Preis bezahlen müssen. Der Staat nimmt ihnen über Steuern und Abgaben einfach zu viel weg – heute beträgt die Staatsquote in der Schweiz rund 50 Prozent. Der Anstieg der Staatsquote ist in den letzten Jahren dramatisch gewesen, entgegen hartnäckiger Vorstellungen zählt unser Land längst nicht mehr zu den Steuerparadiesen, sondern ist ein Staat, der seine Bürger schröpft.

In einer direkten Demokratie kann man uns Politiker nicht für alles verantwortlich machen – schliesslich werden wir vom Volk gewählt. Ich finde, dass sich Schweizerinnen und Schweizer, also die Wähler, heute zu wenig mit Politik auseinandersetzen; bei den Wahlen beurteilen sie auf die Schnelle das berufliche und parteipolitische Profil eines Kandidaten, nicht seine Persönlichkeit.

Doch selbst wenn andere Leute im Parlament sässen: In einer Demokratie ist es schlicht unmöglich, harte Massnahmen durchzuziehen, wenn die Mehrheit nicht mitmacht. Das Volk weiss zwar, dass es so nicht weiter gehen kann und ein Leistungsabbau des Staates notwendig ist: In einer Univox-Studie, die diesen Sommer veröffentlicht wurde, sprachen sich fast zwei Drittel der Befragten für Ausgabenkürzungen aus – vor allem bei der Verwaltung, dem Militär und den Finanzausgaben. Geht es dann aber um konkrete Massnahmen, schwindet die Zustimmung dramatisch: Nur 43 Prozent sind dafür, bei den Krankenkassen den Leistungskatalog abzubauen. Und gar nur 27 Prozent wären mit einer Erhöhung des Rentenalters oder der Kürzung von Renten einverstanden. Offenbar ist folgender Gedanke tief verankert: Sparen ja – aber bitte nicht bei mir!

Dem müssten Parlament und Regierung geschlossen entgegentreten und aufzeigen, dass es so nicht geht. Seit den letzten Wahlen sind die Parteien aber leider noch tiefer zerstritten und scheinen kaum mehr in der Lage, sich zusammenzuraufen und Lösungen zu erarbeiten. Linke und Rechte beschimpfen einander fast täglich heftig, grenzen sich voneinander ab – das ist Gift für die Lösungsfindung. Die Linke bezeichnet die bürgerlichen Politiker oft pauschal als rücksichtslose Sozialabbauer. Für viele Linke gilt die Avenir Suisse als Ideologieschmiede der Arbeitgeber und des Freisinns – obwohl man von aussen anerkennen muss, dass sich dieser Think-Tank vor allem für die Erhaltung eines gesunden Wirtschaftsstandorts einsetzt, ohne den nun einmal nichts geht. Die Rechte ihrerseits wird nicht müde, die Linken als Träumer zu verunglimpfen, die keinen Bezug zur wirtschaftlichen Realität haben und für die schlicht und einfach alles finanzierbar ist.

Klar: Solche ideologischen Grabenkämpfe bringen uns nicht weiter. Dabei gäbe es mindestens sieben Bereiche, bei denen man die anstehenden Herausforderungen ohne grosse Schwierigkeiten während der laufenden Legislatur, also innerhalb der nächsten drei Jahre, lösen könnte. Die entsprechenden Massnahmen würden nicht nur unseren Finanzhaushalt nachhaltig verbessern, sondern auch die Sozialwerke langfristig sichern. Diese Bereiche werde ich in diesem Buch ausführlich behandeln. Es sind:

- Wettbewerbsfähigkeit
- Verwaltung
- Gesundheitswesen
- Sozialversicherungen
- Bildungswesen
- Landwirtschaft
- Ausländer- und Asylbereich.

Ich bin fest davon überzeugt: In diesen Bereichen sind Veränderungen nicht nur zwingend, sondern auch möglich. Damit aber Bewegung in die verhärtete, ja schon fast zubetonierte Politlandschaft kommt, braucht es Brückenbauer, die vor allem lösungsorientiert denken und nicht einfach stur ihrer Parteipolitik folgen. Ob Ideen von links oder rechts kommen, interessiert mich persönlich nicht – Hauptsache, es sind gute Ideen. Für mich sind politisch Andersdenkende deshalb Partner und nicht Gegner.

Gelingt es uns nicht, das Steuer herumzureissen, wird der Schuldenberg in der laufenden Legislaturperiode um 20 bis 30 Milliarden Franken ansteigen. Wir hätten dann deutsche Verhältnisse – und müssten zu Massnahmen greifen, die wohl eine enorme politische Sprengkraft hätten.

Sind wir wie Frösche?

Noch geht es der Schweiz verhältnismässig gut, noch ist der Leidensdruck deutlich geringer als in Deutschland. Und gegenwärtig verzeichnen wir sogar ein moderates Wirtschaftswachstum. Vielleicht ist es schwierig, etwas zu verändern, solange uns das Wasser nicht bis zum Hals steht. Ich möchte hier einen Vergleich zu einem naturwissenschaftlichen Experiment ziehen: Wirft man einen Frosch in heisses Wasser, springt er sofort hinaus. Wärmt man das Wasser, in dem er sitzt, aber langsam auf, bleibt er darin hocken, bis er kocht. Die Schweiz könnte man mit dem Frosch im wärmer werdenden Wasser vergleichen: Weil die wirtschaftliche Situation alles in allem nur schleichend schlechter wird, wiegen wir uns in falscher Sicherheit und erkennen den Handlungsbedarf nicht – oder zumindest viel weniger deutlich als bei einer akuten Krise. Ohne es richtig zu merken, verlieren wir ständig an Boden.

Viele Jahre lang galt die Schweiz als eines der Länder mit der höchsten Wettbewerbsfähigkeit überhaupt. Inzwischen sind wir in den entsprechenden Listen auf Rang 14 abgesackt. Das müsste uns wirklich zu denken geben. Mir macht es jedenfalls Sorge – als Unternehmer und Politiker. Vor allem aber als Bürger der Schweiz!

2. Alles steht und fällt mit unserer Wettbewerbsfähigkeit!

Runter mit den hohen Preisen – weg mit dem Zuviel an Gesetzen – wir müssen uns für unsere Wirtschaft und KMU stark machen – die internationale Konkurrenz schläft nicht!

Die Schweiz, ich sage es nicht ohne Stolz, gehört noch immer zu den reichsten Ländern der Erde – aber sie hat eindeutig ein Wachstumsproblem. Während die Volkswirtschaften anderer Länder immer stärker werden oder uns sogar überholen, bleiben wir auf unseren welkenden Lorbeeren sitzen. Beim Wachstum gehören wir zu den europäischen Schlusslichtern. Dabei ist Wachstum für eine Volkswirtschaft das Mass aller Dinge; im internationalen Wettbewerb bedeutet Stagnation Verlust. Ohne Wachstum können wir langfristig solche Errungenschaften wie die AHV nicht finanzieren. Ein Staat, der wirtschaftlich nicht wächst, kann über kurz oder lang kein sozialer Staat mehr sein. Denn alles kostet, und alles kostet immer mehr: Umweltschutz, öffentlicher Verkehr, Bildung, eine funktionierende Infrastruktur.

Ich bringe das Kapitel zum Thema Wettbewerbsfähigkeit in meinem Buch ganz bewusst früh – denn ohne Wirtschaftswachstum bleibt alles Folgende Makulatur. Ohne Wachstum haben wir keinen politischen Spielraum, sondern können nur zuschauen, wie unsere Gesellschaft erodiert. Wenn wir in absehbarer Zukunft den Weg zum Wachstum nicht finden, werden Firmen ihre Arbeitsplätze aus der Schweiz abziehen;

ich kenne zwar viele Unternehmer, denen die Schweiz ehrlich am Herzen liegt, aber auch sie müssen in einem härter werdenden, globalisierten Umfeld immer schärfer kalkulieren und können sich Patriotimus kaum mehr leisten. Finden sie andernorts gesamthaft bessere Bedingungen vor, werden sie wohl oder übel gehen.

Wir müssen mit aller Kraft darum kämpfen, dass in der Schweiz kein einziger Arbeitsplatz mehr verloren geht. Denn jeder verlorene Arbeitsplatz kostet uns sehr viel Geld, er gefährdet unsere Wettbewerbsfähigkeit. Allerdings möchte ich eine Vorbemerkung machen: Nicht jeder Arbeitsplatz ist für unsere Volkswirtschaft gleich wichtig. Das Bankwesen trägt mit seiner hohen Pro-Kopf-Wertschöpfung viel mehr zum Wachstum bei als das Gastgewerbe.

Inder, Chinesen und Osteuropäer sind erfolgshungrig

Leider gab es in den vergangenen Jahren in der Schweiz eine Tendenz zu Arbeitsplätzen mit geringer Wertschöpfung. Die Einwanderungspolitik der 1970-er und 1980-erjahre war vor allem darauf ausgerichtet, möglichst wenig qualifizierte Arbeitskräfte in unser Land zu holen. So sind bei uns immer noch über 500 000 Stellen im Niedriglohnbereich angesiedelt – das ist eine sehr hohe Zahl. Die entsprechenden Arbeiten werden vor allem von unqualifizierten oder wenig qualifizierten Zuzügern aus dem Ausland geleistet. Wie ich im 8. Kapitel erläutere, gibt es einen eindeutigen Zusammenhang zwischen dem Anteil unqualifizierter ausländischer Arbeitskräfte an der Gesamtbevölkerung einerseits und den Kosten im sozialen Bereich andererseits. Wir holten mit Arbeitsplätzen im Niedriglohnbereich vor allem Leute zu uns, die wenig zur Volkswirtschaft beitragen können, die Gesellschaft aber viel Geld kosten. Für das einzelne Unternehmen mag es sich ausgezahlt haben, günstige Arbeitskräfte aus dem Ausland zu holen – für die Schweiz als Ganzes war das negativ. Erschwerend kommt hinzu, dass in Branchen, die mit Niedriglöhnen operieren, auch die Schwarzarbeit und damit der Betrug an der Gesellschaft zunimmt. Wir müssen also sehr genau darauf achten, in welchen Bereichen jene Arbeitsplätze angesiedelt sind, die wir unbedingt erhalten wollen.

Besonders gefährdet sind in der Schweiz die Arbeitsplätze im produktiven Sektor. In China liegen die entsprechenden Lohnkosten etwa 30-mal tiefer als bei uns – man muss kein grosser Rechner sein, um zu erkennen, dass wir da langfristig kaum konkurrenzfähig sind. Zumal die Chinesen qualitativ enorm aufholen, bereits über gute Bildung verfügen und nicht mehr nur kopieren, sondern auch selber innovativ sind. Chinesen, Inder und viele Osteuropäer zeichnet das aus, was immer mehr Schweizern abgeht: Hunger nach Erfolg. Die Menschen in diesen Ländern sind bereit, hart zu arbeiten, sich wirklich zu bemühen, nicht nur zu fordern, sondern erst einmal sehr viel zu leisten. Wenn sie für viel weniger Geld zumindest gleichwertige Arbeit anbieten können, haben wir gegen sie auf dem Weltmarkt natürlich keine Chance. Unsere Arbeitsplätze in der Industrie würden verschwinden – mit verheerenden Folgen.

Trisa bürstet sauber – ökonomisch und sozial

Im Anschluss an dieses Kapitel finden Sie ein Interview mit Philipp Pfenniger von Trisa. Dieses Unternehmen bietet im Surental mehr als 800 Arbeitsplätze. Seit Jahren unternimmt die Inhaberfamilie alles, um die Produktivität zu steigern und somit die Kosten zu senken. Irgendwann wird jedoch die Schmerzgrenze erreicht sein, werden zusätzliche Automation und Verschlankung nichts mehr bringen. Und dann? Dass Trisa noch immer in der Schweiz produziert, beruht vor allem auf dem persönlichen Engagement der Inhaberfamilie, die ihre unternehmerische Verantwortung stärker gewichtet als das Erzielen maximalen Gewinns. Es ist kein Geheimnis, dass andere Unternehmen nicht so umsichtig handeln; vor allem Grossunternehmen schliessen schnell die Pforten ganzer Produktionsstätten, wenn die Rechnung für sie nicht mehr aufgeht.

Man kann darüber lamentieren und die teilweise stossende Praxis kritisieren – das ändert aber nichts an der Situation. Die meisten Unternehmer sind nicht in erster Linie Wohltäter, die Arbeitsplätze schaffen wollen, sondern kühle Rechner. Deshalb ist es für uns sehr wichtig, ihnen ein Umfeld zu schaffen, in dem sie trotz gewisser Nachteile im Lohnbereich erfolgreich operieren können. Unternehmer sollen wissen, dass sich ihr Verbleiben in der Schweiz für sie langfristig auszahlt. Wir müssen sie deshalb davon überzeugen, dass wir in der Politik unsere Hausaufgaben erledigen – die Staatsquote wieder auf ein vernünftiges Mass hinunter bringen und den Gesetzesdschungel lichten. Deregulierung und Kostensenkungen sind die wirksamste Medizin gegen den Abbau von Produktionsstätten in unserem Land – ob uns das nun sympathisch ist oder nicht. Je weniger wir die Unternehmen mit Gesetzen in der Ausübung ihrer Tätigkeit beeinträchtigen, desto grösser ist die Chance, dass sie bei uns bleiben.

Lieber klein und mittel –
als gross und mittelmässig!

In den schwierigen Jahren zwischen 1995 und 2000 haben die kleinen und mittleren Unternehmen (KMU) in der Schweiz über 300 000 Arbeitsplätze geschaffen. Über 50 Prozent aller in der Privatwirtschaft Beschäftigten arbeiten in Familienunternehmen, was leider viel zu wenig bekannt ist. KMU sind die eigentlichen Triebkräfte der Schweiz! Viele von ihnen gehören zur Weltspitze. Ihr Erfolg basiert vor allem auf langfristigem Denken und dem Vertrauen auf die eigene unternehmerische Kraft. Die Führung solcher Betriebe ist auf motivierte Arbeitnehmer angewiesen, deshalb steht ihr die soziale Verantwortung näher als die schnelle Rendite. Weil soziale und ökonomische Verantwortung in einer Hand liegen, sind KMU weniger anfällig für Firmenverlegungen ins Ausland.

Ganz anders die Grosskonzerne. Die 1990-erjahre waren beherrscht von Fusionen, Firmenzusammenlegungen, Umstrukturierungen und so weiter. Damals erhöhte sich die Konzentration von Kapital. Ich möchte betonen, dass ich Fusionen nicht grundsätzlich schlecht finde. So ist das Zusammengehen von Firmen zu begrüssen, wenn beispielsweise ein Unternehmen unterhalb einer wirtschaftlich sinnvollen Grösse operiert. Doch es gab in den letzten Jahren vor allem Fusionen zwecks Gewinnoptimierung – in der Regel zugunsten des Managements. Solche Zusammenschlüsse haben in unserem Land Zehntausende von Arbeitsplätzen gekostet, das Vertrauen der Arbeitnehmer erschüttert und die sozialen Kosten in die Höhe getrieben.

Die Lehre aus dem Vergleich von KMU und Multis? Im

Interesse einer freien und sozialen Marktwirtschaft wünsche ich mir, dass künftig nicht mehr in Quartalsabschlüssen und kurzfristigen Gewinnen, sondern langfristig gedacht und geplant wird. Die Gier einer übermächtigen Finanzindustrie – und leider auch von vielen Kleinanlegern –, jedes Jahr einen möglichst hohen Kapitalgewinn zu erzielen, darf nicht überhand nehmen. Sonst wird die freie Marktwirtschaft gefährdet.

Wo liegen nun konkret unsere Möglichkeiten, in der laufenden Legislaturperiode die Wettbewerbsfähigkeit der Schweiz zu erhöhen? Ich möchte mich bei meinen Ausführungen zunächst auf drei besonders wichtige Branchen konzentrieren: Banken, Pharma und Industrie. Danach möchte ich auf die anstehenden Geschäfte des Parlaments eingehen, welche die Wettbewerbsfähigkeit der Schweiz massgeblich beeinflussen: Binnenmarktgesetz, Konsumentenschutzgesetz, PET-Recycling-Gesetz, Unternehmensbesteuerung, Bilaterale II und Alpenkonvention.

Bankensektor:
Das Bankkundengemeimnis ist sakrosankt!

Der Bankensektor ist für die Schweiz enorm wichtig. Er beschäftigt in unserem Land über 100 000 Personen – das entspricht drei Prozent aller Beschäftigten. Die Pro-Kopf-Wertschöpfung ist in dieser Branche so hoch, dass sie fast ein Sechstel des gesamten Schweizer Steueraufkommens generiert. Stellen Sie sich das vor: Ein Sechstel der Schulen, Spitäler, Universitäten, Strassen und so weiter wird direkt und indirekt vom Bankensektor getragen. Es ist also nicht übertrieben, wenn man sagt: Ohne prosperierenden Bankensektor wären unser Staatshaushalt und unsere Sozialwerke schnell pleite. Der Erfolg der Schweizer Wirtschaft steht und fällt mit dem Erfolg der Schweizer Banken. Und der Erfolg der Schweizer Banken steht und fällt mit dem Bankkundengeheimnis. Dieses unterscheidet unseren Finanzplatz ganz wesentlich von den meisten anderen. «Bankkundengeheimnis» bedeutet, dass eine Bank in der Schweiz weder in- noch ausländischen Behörden Auskunft über ihre Kunden und deren Konti geben muss. Ausser natürlich bei Verdacht auf kriminelle Machenschaften – das Bankkundengeheimnis schützt keine Gelder aus verbrecherischen Quellen.

Seit einiger Zeit übt die EU massiv Druck auf das schweizerische Bankkundengeheimnis aus und fordert mehr oder weniger unverblümt dessen Abschaffung. Das tut sie natürlich aus Eigeninteresse; den anderen europäischen Finanzplätzen ist der Erfolg der Schweiz ein Dorn im Auge, sie wollen sich im internationalen Privatgeschäft ein grösseres Stück vom Kuchen abschneiden und jenes der Schweiz verkleinern.

Die Schweiz darf ihre gute Marktposition, die sie sich über Jahrzehnte aufgebaut hat, auf keinen Fall preisgeben. Es gibt auch gar keinen Grund, weshalb sie das tun sollte. Und ich sehe auch nicht, weshalb irgendwer in der Schweiz ernsthaft etwas gegen das Bankkundengeheimnis haben könnte. Es wäre für das Wachstum verheerend, wenn wir die Banken mit neuen Auflagen schwächten; aus Gründen der Wettbewerbsfähigkeit müssen wir alles daran setzen, die Standortvorteile zu erhalten.

Es reicht aber nicht, die alten Stärken zu verteidigen, um die Schweizer Banken für die Zukunft fit zu machen. Das schweizerische Bankensystem weist auch einige Schwächen auf, die es so schnell wie möglich zu beheben gilt. Sie sind die Folge einer eigentlichen «Fusionitis». Das Zukaufen und

Umbauen von Unternehmen hatte katastrophale Folgen. Milliarden Franken lösten sich in Luft auf, Zehntausende von Arbeitsplätzen wurden vernichtet. Doch die dafür Verantwortlichen nahm man nicht in die Pflicht, sondern speiste sie mit zwei und dreistelligen Millionenpaketen ab. Ich kann es nicht anders sagen: Aktionäre, Mitarbeiter und Kunden wurden geprellt, die Vermögen zugunsten sehr weniger umverteilt. Das ist stossend.

Es hat sich gezeigt, dass sich derart kurzfristiges Denken negativ auswirkt. Im Finanzsektor stehen heute jene Unternehmen gesund da – etwa die Raiffeisenbanken, die Regionalbanken und viele Kantonalbanken –, die nicht nur Gewinnmaximierung im Auge behielten. Sie haben inzwischen Marktanteile gewonnen, ihr Vertrauen bei Bevölkerung und Angestellten ist massiv gestiegen.

Die Lehre daraus: Die Universalbanken müssen wieder ihr operatives Geschäft, vor allem das Kreditgeschäft, in den Mittelpunkt stellen. Eine grosse Schwäche zeigt sich momentan noch im Bereich der KMU-Finanzierung. Ich erwarte von den Banken, dass sie mit innovativen Modellen kreditwürdigen KMU das notwendige Kapitel bereitstellen. Die Banken haben es in der Hand, bei der bevorstehenden Revision des Bürgschaftswesens ihren kreativen Einfluss geltend zu machen und ein gutes Modell zu entwickeln. Gelingt es, in der Frühjahrssession 2005 die entsprechende Revision durchzubringen, wäre dies nicht nur für die Finanzierung der KMU ein Gewinn – sondern brächte der Schweiz einen nicht zu unterschätzenden Wettbewerbsvorteil.

Die Banken können aber noch mehr tun, um die Wettbewerbsfähigkeit der Schweiz zu stärken. Früher galten sie im Bereich der Lehrlingsausbildung als weltweit führend, heute vernachlässigen sie den Nachwuchs. Dabei liegt dieser doch in ihrem ureigenen Interesse! Mit einem stärkeren Engagement in diesem Bereich könnten die Banken nicht nur den Lehrlingsmarkt Schweiz stärken, sondern auch ihr Image verbessern.

Viele Spitzenmanager – vor allem bei den Multis – haben bezüglich ihrer Ansprüche jegliche Bodenhaftung verloren. Sie begründen ihre exessiven Lohnforderungen, die oft das Klima in den Firmen vergiften, mit internationalem Wettbewerb: Würde man Topmanager nicht ausreichend entschädigen, wanderten sie ins Ausland ab. Kürzlich hat eine Studie aber gezeigt, dass die Schweizer Topmanager ihr Gehalt im Jahre 2004 um durchschnittlich 44 Prozent erhöhen konnten. Sie verdienen im europäischen Durchschnitt mit Abstand am besten. Abwanderung ist für sie also sicher kein Thema mehr. Ich verstehe gut, dass sich Bevölkerung und Aktionäre über die horrenden Entschädigungen aufregen. Hier ist dringend mehr Nachhaltigkeit gefordert; es hätte sicher kaum jemand etwas dagegen, wenn Topmanager für gute Leistungen mit zusätzlichen Firmenaktien belohnt würden, die sie aber mindestens fünf Jahre lang nicht verkaufen dürften.

Die Banken sind zudem gefordert, ihre monopolistische Gebührenpolitik ernsthaft zu hinterfragen. Es darf nicht sein, dass ein Kleinsparer Ende des Jahres gleichviel oder weniger auf seinem Konto hat als am Anfang, weil für sämtliche Transaktionen überrissene Gebühren verlangt wurden.

Der Pharmasektor:
Unser Exportschlager braucht Unterstützung!

Die Pharmabranche ist der Motor unsere Exportwirtschaft. 2003 wurden pharmazeutische Produkte im Wert von rund 31 Milliarden Franken ins Ausland geliefert – das entspricht

70 Prozent der schweizerischen Chemieexporte oder 23 Prozent unseres gesamten Exportvolumens. Mehr als 90 Prozent der in der Schweiz hergestellten Medikamente sind für den Export bestimmt. Ein Exportüberschuss von 15 Milliarden Franken im Jahr 2003 zeigt, wie wettbewerbsfähig unser Pharmasektor ist.

In dieser Branche steht und fällt alles mit der Forschung. In der Schweiz werden im Jahr etwa 10 Milliarden Franken für Forschung und Entwicklung ausgegeben – über die Hälfte davon von der Pharmaindustrie! Die Entwicklung eines neuen Medikaments dauert zwischen acht und zwölf Jahren und kostet durchschnittlich fast eine Milliarde Franken. Die Pharmaindustrie ist also nicht nur wegen ihrer wirtschaftlichen Kraft für unser Wachstum bedeutend, sondern auch wegen ihres grossen Innovationsbedarfs: Sie hält unser Land in Entwicklung und Forschung weit vorne.

Allerdings gibt es gerade in dieser Hinsicht Probleme. Dem Pharmasektor – insbesondere den KMU – fehlt vielfach der Nachwuchs; es gibt viel zu wenig Chemiker und Biologen in der Schweiz. Offenbar verfügt ein Jus- oder Medizin-Studium über viel grössere Anziehungskraft. Es erstaunt vor diesem Hintergrund kaum, dass der Ausländeranteil in der hiesigen Forschung und Entwicklung sehr hoch ist und je nach Unternehmen zwischen 45 und 80 Prozent schwankt. Die Rekrutierung von Fachkräften aus der EU verläuft problemlos, jene von Forschern und Entwicklern ausserhalb des EU-Raums aber nicht immer. Hier müssten sich die Ausländerbehörden flexibler zeigen, besonders hinsichtlich der Anstellungsbedingungen.

Ein anderes Problem, unter dem die Pharmaindustrie leidet, ist ihre öffentliche Wahrnehmung. Obwohl sie ein überdurchschnittlich hohes Steueraufkommen generiert, sind ihre Gewinne vielen Menschen suspekt. Die Kritiker bringen die hohen Erträge mit unseren hohen Medikamentenpreisen in Verbindung und haben die Konzerne im Verdacht, sich zulasten der Öffentlichkeit zu bereichern. Wie ich aber bereits ausgeführt habe, ist unsere Pharmaindustrie vor allem ein Exportschlager. Novartis erzielt in der Schweiz zum Beispiel nur etwas mehr als ein Prozent seines Konzernumsatzes. Das Unternehmen zahlt hier mehr Steuern, als es an Umsatz generiert! Wir müssten uns eigentlich über den internationalen Erfolg von Novartis freuen, stattdessen herrschen Missgunst und Neid. Man kann nicht polnische Preise für Medikamente verlangen – und gleichzeitig fordern, die Industrie habe hier Forschung und Produktion zu Schweizer Löhnen zu betreiben.

Spezialisten befürchten, dass dem Pharmasektor in der Schweiz das Gleiche blüht wie in Deutschland: Er wird aufgrund der negativen Atmosphäre mit zu vielen neuen Bestimmungen behindert. Natürlich hat die Branche in den letzten Jahren auch einige kommunikative Fehler gemacht – anders wären die Imageprobleme nicht zu erklären. Doch wir Politiker dürfen es nicht zulassen, dass eine unserer *Cash-Cows* ohne jede Not geschlachtet wird. Im Gegenteil: Wir müssen dafür sorgen, dass die grossen Pharmakonzerne im Land bleiben. Dazu benötigen wir eine Förderung der entsprechenden Studienrichtungen und der Forschung sowie gute gesetzliche Rahmenbedingungen. Eine dieser Rahmenbedingungen ist die Geschwindigkeit, mit welcher ein Medikament nach der Zulassung kassenpflichtig wird. Heute beträgt diese First bis zu 300 Tage! Das setzt ein ganz falsches Signal, denn die Schweiz hat bezüglich Zulassung der Medikamente Vorbildcharakter für über 70 Länder. Die Verzögerungen, die enorm viel Geld kosten, werden von Fachleuten auf die gigantische Bürokratie des Bundesamtes für Gesundheit zurück geführt. Für eine Branche, die vor allem von Innovation lebt, ist solcher Schlendrian verhängnisvoll!

Die Industrie:
Mehr Arbeit für gleichen Lohn – aber für alle!

Rund 75 Prozent der gesamten industriellen Produktion werden exportiert. Die Schweiz belegt unter den Maschinenexporteuren weltweit Rang 7 – der Industriesektor bleibt für die Schweiz also sehr bedeutend.

Dieser Sektor teilt sich in verschiedene Branchen auf. Besonders wichtig sind Nahrungsmittel-, Textil-, Maschinen-, Elektro- und Metallindustrie. Letztere ist mit über 300 000 Beschäftigten die weitaus grösste Industriebranche der Schweiz. Insgesamt dürfte in der Industrie inklusive Zulieferer mindestens eine halbe Million Personen beschäftigt sein.

Auch für die Industrie hat sich in den letzten Jahren der weltweite Wettbewerb dramatisch verschärft. Die Margen sind erodiert, die Steigerung der eigenen Wettbewerbsfähigkeit ist zur Überlebensfrage geworden. Neben der Innovation spielen auch hier die Lohnkosten eine entscheidende Rolle. In Polen und der Slowakei liegen die Arbeitskosten etwa acht- bis zehnmal niedriger als bei uns. Forschung und Entwicklung sind dort um ein Vielfaches günstiger. Noch weist die Schweiz Standortvorteile auf: Die Fachkräfte sind bei uns besser und breiter ausgebildet als in den aufstrebenden Staaten. Doch wie lange kann das noch gesagt werden, wenn man zum Beispiel die PISA-Studie berücksichtigt, auf die ich im 6. Kapitel eingehe?

Entscheidend für das Überleben unserer Industrie dürften die Lohnkosten sein. Ich sage es gerade heraus: Weil

Saläre nicht gesenkt werden können, muss in Teilen der Schweizer Industrie bei gleichbleibenden Löhnen mehr gearbeitet werden. In Deutschland und Frankreich sind bereits in einigen Industriewerken die Arbeitszeiten verlängert worden; zwar wehren sich die Gewerkschaften mit Händen und Füssen gegen mehr Arbeit zu gleichem Lohn, doch langfristig schneiden sie sich ins eigene Fleisch, wenn sie hier nicht individuell einlenken. Wir können den Industriestandort nicht retten, wenn wir grundsätzlich am heutigen Lohnniveau festhalten. Ich gehe davon aus, dass in der Schweiz für gewisse Branchen 42-Stunden-Wochen wieder zum Regelfall werden – und dass Zugeständnisse aus der Hochkonjunktur, wie zum Beispiel eine fünfte oder gar sechste Ferienwoche für Arbeitnehmer aller Altersgruppen, wieder wegfallen werden. Das ist hart, aber notwendig. Solche Massnahmen lassen sich aber nur dann ohne Gefährdung des Arbeitsfriedens durchziehen, wenn die Kader selber Verzicht vorleben und ihre teils viel zu hohen Bezüge reduzieren. Mehr Arbeit für das Personal und gleichzeitig mehr Lohn für die Unternehmer – das geht natürlich nicht.

Ich weiss, nicht nur Gewerkschaften, sondern auch namhafte Wissenschaftler bestreiten, längere Arbeitszeiten sorgten für Wirtschaftswachstum. Häufig erwähnen sie, in der Schweiz würde schon jetzt länger gearbeitet als in den meisten anderen Ländern Europas. Wir stehen aber nicht in Konkurrenz zu Europa, wir stehen in weltweiter Konkurrenz! Anderorts wird heute vielfach viel länger gearbeitet.

Es heisst manchmal auch, längere Arbeitszeiten würden den Strukturwandel behindern. Es mag in vielen Fällen tatsächlich nicht opportun sein, unqualifizierte Tätigkeiten mit tiefer Wertschöpfung in der Schweiz zu behalten. Es wäre aber für unsere Volkswirtschaft fatal, wenn man die entsprechenden Arbeitsplätze von heute auf morgen ins Ausland verlegte. Wie bereits erwähnt, haben wir in der Schweiz mindestens 500 000 Arbeitsplätze im Niedriglohnbereich. Man kann sich vorstellen, was es für unseren Staat bedeutete, wenn all diese Arbeitsplätze verloren gingen. Wir wollen den Niedriglohnbereich nicht fördern – vorläufig ist er aber auf jeden Fall erhaltenswert.

Denken Sie zum Beispiel an meine Heimatregion Sursee. Hier beschäftigen vier Betriebe, die TRISA, die Superba, Bodum und Calida – alle im Bereich Massengüter und im Niedriglohnsektor tätig – gegen 15 Prozent der Arbeitskräfte. Wären hier nicht Unternehmer mit nachhaltiger sozialer Verantwortung am Werk, wären viele dieser Arbeitsplätze schon längst ins Ausland verlegt worden. Für viele Mitarbeiter, die oft seit Jahrzehnten in diesen Unternehmen arbeiten, wäre die Suche nach einem neuen Job hoffnungslos. Mit verheerenden Folgen für unser Sozialsystem. Ich wehre mich deshalb vehement gegen die Aussage, die Schweiz sei für unqualifizierte Tätigkeiten mit tiefer Wertschöpfung der falsche Standort. Arbeitsplätze ins Ausland zu verlegen wäre volkswirtschaftlich Unsinn und sozialpolitisch eine Katastrophe!

Schwarzarbeit: Da sehen Staat und Wirtschaft rot

Würden die Löhne und vor allem die Sozialabgaben so hoch bleiben, wie sie sind, stiege die Schwarzarbeit bei uns noch weiter an – mit verheerenden Folgen für unser Wachstum. Schwarzarbeit soll mittlerweile ein Wirtschaftsvolumen von 40 Milliarden Franken erreichen, schätzen Fachleute. Mit Schwarzarbeit will man die hohen Lohnnebenkosten umgehen, Steuern sparen – und den enormen administrativen Aufwand reduzieren. Ausserdem kann mit Schwarzarbeit angesichts immer kürzerer Arbeitszeiten höhere Flexibilität erreicht werden. In Deutschland wurde die Schwarzarbeit aus diesen Gründen zum Wirtschaftszweig Nummer eins!

Schwarzarbeit belastet unsere Sozialwerke enorm. Ich behaupte, dass sich die AHV mit den heutigen Beiträgen mindestens bis ins Jahr 2012 sichern liesse, wenn man nur die Hälfte der Schwarzarbeit erfassen und korrekt abrechnen könnte (mehr dazu im 5. Kapitel). Das Parlament arbeitet momentan daran, gesetzlich gegen Schwarzarbeit vorzugehen. Begrüssenswerte Massnahmen sind die angestrebten administrativen Vereinfachungen und eine härtere Bestrafung von fehlbaren Arbeitgebern wie Arbeitnehmern. In die falsche Richtung geht es jedoch, wenn man die Schwarzarbeit bekämpfen will, indem man die Verwaltung ausbaut.

Letztlich ist Schwarzarbeit eine Folge unserer gesellschaftlichen Entwicklung. Korrektes Arbeiten muss sich wieder lohnen – das bedingt eine deutliche Reduktion von Staatsquote und Sozialkosten. Gelingt uns dies nicht, bleibt die Schwarzarbeit ein boomender Wirtschaftszweig.

Für jede der fünf grossen Gruppen von Schwarzarbeitern in der Schweiz müssen wir wohl besondere Massnahmen ergreifen.

1. Arbeitslose: Ich finde, der Gesetzgeber müsste einem Arbeitslosen, der bei Schwarzarbeit erwischt wird, die Unterstützung streichen, wie man das zum Beispiel in Kalifornien macht. Wird dort ein arbeitslos Gemeldeter bei Schwarzarbeit erwischt, erhält er für mindestens sechs Monate keine Arbeitslosengelder mehr.

2. Ausgesteuerte: Ausgesteuerte sind vielfach auf Schwarzarbeit angewiesen. Wir müssen positive Anreize schaffen, um Schwarzarbeit zu verhindern. Damit Ausgesteuerte künftig ihren Lebensunterhalt zum Teil selber bestreiten

können, sollten zum Beispiel die Sozialgelder in solchen Fällen nur unterdurchschnittlich gekürzt werden.

3. Fachkräfte: Vor allem Frauen üben zu Hause einen Job aus – zum Beispiel als Coiffeuse oder Kosmetikerin. Die meisten dieser Frauen wären wohl bereit, ihr Einkommen zu deklarieren, wenn der Aufwand dafür gering bliebe.

4. Handwerker: Die Baumärkte verzeichnen im Detailhandel das grösste Wachstum. Sie haben die Schwarzarbeit massiv gefördert – denn jeder kann sich heute alles besorgen und handwerkliche Arbeiten ausführen. In Deutschland geht man davon aus, dass über 30 Prozent aller privaten Bauten und Renovationen in Schwarzarbeit ausgeführt werden. Fehlbare Arbeitgeber und Arbeitnehmer sollten künftig schwer bestraft werden – nicht zuletzt, weil Schwarzarbeit zu Wettbewerbsverzerrungen und ruinösem Preisdumping führt.

5. Papierlose und Asylanten: Hier kann nur ein hartes Durchgreifen für Besserung sorgen.

Besonders gross ist der Anteil Schwarzarbeit übrigens im Gastgewerbe. zwei von drei Restaurants schreiben rote Zahlen – es gibt in der Schweiz mindestens 10 000 Restaurants zuviel. Trotzdem wurden im letzten Jahr gegen 3000 neue Beizen eröffnet; 2000 machten im gleichen Zeitraum dicht. Die Zahl der Konkurse im Gastgewerbe ist weit überdurchschnittlich. Unter dem enormen Druck werden vielfach Mindestlöhne unterschritten, Überstunden nicht bezahlt, wird kein 13. Monatslohn ausgerichtet.

Und es werden immer mehr Schwarzarbeiter beschäftigt – man spricht von 30 000 illegalen Arbeitnehmern im Gastgewerbe! Die Gewerkschaften schreien nach härteren Kontrollen. Ich finde es sinnvoller, schwarze Schafe künftig härter zu bestrafen. Jedem, der Schwarzarbeiter beschäftigt oder den Mindestlohn unterschreitet, soll sofort bei einer hohen zusätzlichen Geldstrafe die Betriebsbewilligung entzogen werden. Im Gegenzug müsste es aber möglich sein, mit weniger grossem administrativem Aufwand Personal anzustellen.

Weg mit der Hochpreisinsel – durch Deregulierung

Nicht nur hohe Löhne bedrohen unsere Wettbewerbsfähigkeit – sondern auch hohe Preise. Den Konsumentinnen und Konsumenten gehen laut Studie des Seco in der Schweiz jährlich 19 Milliarden Franken an Kaufkraft verloren – aufgrund von noch immer vorhandenen Kartellen und Monopolen sowie von Importbeschränkungen und geschlossenen Märkten. Die Handelsschranken schützen die Gewinne von Händlern und marktmächtigen Unternehmen. Der Konsument ist dabei der Dumme! Letztlich schaden geschützte Märkte aber uns allen, denn sie behindern die Innovationskraft einer Volkswirtschaft; wo Wettbewerb fehlt, kann die Wirtschaft nicht wachsen.

Die «Hochpreisinsel Schweiz» muss so schnell wie möglich den neuen Realitäten einer globalisierten Welt Rechnung tragen. Schweizerinnen und Schweizer sollten frei wählen können, was sie kaufen möchten – bei Gütern wie bei Dienstleistungen. Sie sollen nicht künstlich hochgehaltene, sondern angemessene Preise bezahlen, die überregional und durch Angebot und Nachfrage gebildet werden.

Regionale und nationale Abschottungen, Monopole und Kartelle sind zu bekämpfen! Wir benötigen einen Abbau von administrativen Preisen, etwa bei den Mieten, liberale

Märkte für Strom, Post, Bahn und Medikamente – und selbstverständlich liberale Ladenöffnungszeiten.

Oft wird die Schuld für hohe Preise den Detailhändlern in die Schuhe geschoben. Ich will nicht jede Verantwortung von meiner Branche ablenken, muss aber leider sagen: Der Staat zwingt uns hohe Preise auf, weil er uns mit unzähligen Regelungen und ständig neuen Gesetzen weit über Gebühr belastet. Einst galt die Schweiz als Land, das den Unternehmen grossen Spielraum einräumte; diesbezüglich sind wir längst keine Musterschüler mehr.

Die Binnenwirtschaft – also die Wirtschaft innerhalb unseres Landes – befindet sich darum in schlechter Verfassung; sie bremst das ganze Land. In der laufenden Legislaturperiode wird über ein neues Binnenmarktgesetz abgestimmt. Das bietet Gelegenheit, die Situation zu verbessern und viele Regulierungen aufzuheben. Doch leider kämpfen Interessengruppen von links bis rechts lieber um die Grösse ihrer eigenen Kuchenstücke, statt alles dafür zu unternehmen, dass es mehr Kuchen gibt. Im Binnenmarktgesetz müssen meiner Ansicht nach folgende Punkte dringend revidiert werden:

- Parallelimporte von Konsumgütern. Viele Produkte aus dem Ausland werden von Lizenznehmern eingeführt; wenn ein anderer Händler die Ware ausserhalb des offiziellen Vertriebskanals in die Schweiz holt, spricht man von einem Parallelimport. Bezöge ich zum Beispiel als Detailhändler bei einem anderen Detailhändler in Deutschland gewisse Produkte, würde ich wohl günstiger fahren, als wenn ich die gleiche Ware direkt in der Schweiz kaufte. Nur leider sind Parallelimporte verboten. Dieses Verbot muss so schnell wie möglich fallen – nicht nur bei Markenartikeln, sondern auch bei patentgeschützten Gütern. Ausnahmen dürfen nur gewährt werden, wenn eine Verzerrung des Wettbewerbs vorliegt. Zum Beispiel, wenn Staaten die Preise für gewisse Güter künstlich tief halten oder sie subventionieren. In solchen Fällen wären die Schweizer Produzenten benachteiligt.

- Parallelimporte von Medikamenten. Hier geht es um die Interessen der Schweizer Pharmaindustrie, die den Patentschutz mit einem Verbot von Parallelimporten kombinieren will. Sinn des Patentschutzes kann aber nicht sein, den Wettbewerb zu behindern. Vielmehr soll der Patentschutz die Innovationsrente sichern. Und dieser Schutz ist nach wie vor gegeben. Dem Pharmasektor wäre mehr geholfen, man würde die Zulassung neuer Medikamente beschleunigen, wie ich weiter oben ausgeführt habe.

- Swisscom und «Letzte Meile». Jede Marktöffnung tangiert Besitzstände und Eigentumsrechte. In diesem Fall sind jene der Swisscom betroffen. Sie kann mit Recht darauf hinweisen, dass die Liberalisierung der so genannt «Letzten Meile» – das ist die Verbindung einer Zentrale mit dem individuellen Festanschluss – einer materiellen Enteignung gleichkommt, ihr gehören schliesslich die Leitungen und sie hat dafür Milliarden von Franken investiert. Diese Leistungen müssen bei einer Liberalisierung abgewogen und abgegolten werden. Dennoch können wir die Letzte Meile der Swisscom nicht weiterhin im Monopol belassen.

Konsumentenschutz schadet dem Konsum!

Wird sich das teilrevidierte Bundesgesetz über Kartelle und andere Wettbewerbsbeschränkungen als Tells Geschoss gegen die Festungsmauern der Hochpreisinsel Schweiz erweisen? Da darf man sich keinen Illusionen hingeben! Immerhin:

Die neueste Revision des Kartellgesetzes ermöglicht endlich direkte und harte Sanktionen gegen Wettbewerbsverstösse. Neben Hausdurchsuchungen und Beschlagnahmen gibt es jetzt sozusagen eine Kronzeugenregelung. Das heisst: Reuige Kartellsünder erhalten Straferlass oder -nachlass, wenn sie Verfehlungen Dritter aufdecken.

Auf jeden Fall bringt die Revision Fortschritte in der Wettbewerbsordnung. Auch die Durchsetzungsmassnahmen erscheinen griffiger als zuvor.

Das Herstellen des Gleichgewichts zwischen ökonomischem Sachinteresse und staatlichen Interventionen bleibt allerdings eine heikle Daueraufgabe. Geklärt werden muss erstens auch noch die Unterstellung der Sozialpartner unter das Gesetz, zweitens die Revision der separaten Preisüberwachung. Und über die Interessenvertreter in der Wettbewerbskommission sollte man sich wieder einmal ein paar Gedanken machen. So oder so: Das Kartellgesetz ist ein Schritt in die richtige Richtung.

In nächster Zeit steht auch die Revision des «Bundesgesetzes über die Information und den Schutz der Konsumenten und Konsumentinnen» an. Natürlich ist es wichtig, dass Konsumenten richtig informiert und gut geschützt sind. Die heutigen Regelungen weisen diesbezüglich Lücken auf. Doch der Vorentwurf des neuen Gesetzes schiesst in vielen Bestimmungen weit über das Ziel heraus. Kommt dieses Gesetz so durch, treibt das die Preise weiter in die Höhe.

Konsumentenschutz ist in der Schweiz in verschiedenen Gesetzen geregelt. Bereits heute sind die Deklarationsvorschriften in der Schweiz wesentlich strenger als in unseren Nachbarländern. Beim neuen Bundesgesetz, über welches das Parlament bald abstimmt, handelt sich um ein zusätzliches Regelwerk, das nicht auf die anderen abgestimmt ist. So werden die bürokratischen Strukturen weiter aufgebläht, was besonders das Detailgewerbe – Metzgereien, Bäckereien und so weiter – hart trifft. Die Wettbewerbsfähigkeit vieler Unternehmer würde durch dieses Gesetz zusätzlich eingeschränkt. Mich stört besonders, dass das Verbandsklagerecht pauschal ausgeweitet werden soll. Man kann hier durchaus von einem neuen Verbandsbeschwerderecht reden, das sich volkswirtschaftlich sehr negativ auswirken könnte. So schadet die Revision dieses Gesetzes der Wirtschaft – und damit auch ihren Kunden, den Konsumenten.

PET-Recycling:
Gut gemeint ist das Gegenteil von gut gemacht!

Die Wettbewerbsfähigkeit des Schweizer Detailhandels wird leider auch durch viele andere Bestimmungen eingeschränkt – und soll weiter eingeschränkt werden. Ich möchte etwas ausführlicher aufzeigen, wie in der Schweiz die Bürokratie agiert und massiv in den Markt eingreift. Dazu habe ich ein Beispiel gewählt, das uns alle angeht: das PET-Recycling. Schliesslich sind wir alle Konsumenten von Getränken in PET-Flaschen.

Die Verordnung über Getränkeverpackungen (VGV) verlangt, dass 3 von 4 verkauften PET-Flaschen in eine separate PET-Verwertung gelangen. Dies ist nur möglich, wenn die Flaschen von den Konsumenten nicht in den Abfall geworfen, sondern separat gesammelt und an der richtigen Stelle entsorgt werden. Die Schweiz erreicht aber die festgelegte Rücklaufquote von 75 Prozent nicht, diese beträgt 72 Prozent. Das Bundesamt für Umwelt, Wald und Landschaft (Buwal) droht daher mit einem allgemeinen Flaschenpfand: Wer künftig ein Getränk in einer PET-Flasche kauft, soll ein Depot entrichten, das er bei Rückgabe der Flasche wieder erstattet erhält.

Das Buwal weiss allerdings, das mit einem Flaschenpfand die Rücklaufquote nicht erhöht werden kann. Wie man mit Abfall umgeht, ist schlicht und einfach eine Frage der Erziehung. Eine von mir durchgeführte Umfrage bei Schulen ergab, dass in den Pausen ein grosser Teil der PET-Flaschen im nächsten Abfalleimer landet und nicht im PET-Sammelcontainer. Dies würde sich durch ein Pfand kaum ändern, denn die Erfahrung in Deutschland mit dem Dosenpfand hat gezeigt, dass die Rücklaufquoten nur kurzfristig steigen und dann wieder zurück gehen. Andererseits hat das Dosenpfand in Deutschland zu erheblichen Mehrkosten für den Handel geführt – und zu wesentlich höheren Dosenpreisen für die Konsumenten.

Ein PET-Flaschenpfand würde in der Schweiz zudem den Wettbewerb überhaupt nicht berücksichtigen, sondern zu einem Monopol für die jetzige Recycling-Organisation führen. Die Konsumenten müssten sich daher auf weitere Gebührenerhöhungen gefasst machen und wären so die Geprellten.

Niemand kennt die ökologische Gesamtrechnung

Erlauben Sie mir eine fast ketzerisch klingende Frage: Ist es überhaupt sinnvoll, PET-Flaschen getrennt einzusammeln? Wäre es nicht kostengünstiger und ökologischer, wenn die PET-Flaschen von den Konsumenten einfach in den Abfall geworfen und später in den Kehrichtverbrennungsanlagen (KVA) mittels moderner Verfahren vom restlichen Müll getrennt würden? Natürlich setzte ein solches Verfahren zusätzliche Investitionen in den KVA voraus – aber es brächte auch erhebliche Einsparungen. Das extrem aufwändige Einsammeln der Flaschen fiele weg, man könnte auf enorm viele Transportkilometer verzichten. Zwar soll es Qualitätseinbussen beim recyclierten Material geben, wenn es erst in der KVA ausgesondert wird – doch die ökonomische und ökologische Gesamtrechnung liegt noch nicht auf dem Tisch. Bei Berücksichtigung aller Umweltfaktoren wäre es wohl sinnvoll, die individuellen PET-Sammlungen aufzugeben. Schliesslich lautet die Umweltschutz-Zielsetzung der Bundesverfassung nicht, eine möglichst hohe Sammel- oder Verwertungs-Quote zu erreichen – sondern für Nachhaltigkeit zu sorgen.

Nun, ein so konsumentenfreundlicher und einfacher Vorschlag, wie er die Trennung des Abfalls in den KVA wäre, steht im Moment nicht zur Diskussion. Heute ist ein Ideenwettbewerb weder möglich noch erwünscht – die Quote steht, sie muss erfüllt werden! Dann sei aber wenigstens die Frage erlaubt, ob das angedrohte zwangsweise Einsammeln der Flaschen über den Verein PET-Recycling Schweiz (PRS) wirklich das geeignete Mittel ist, um die gewünschte Quote tatsächlich zu erreichen. Selbst wenn dem Verein nach eigenen Angaben 85 Prozent der Schweizer Getränkehändler angehören, sagt das wenig über dessen Dienstleistungsqualität aus. Der Verein sieht sich nicht gezwungen, technisch bessere Lösungen etwa im Bereich der Logistik anzustreben. Nur unter Ausübung massiven Drucks ist es den Händlern gelungen, die Kosten für die Entsorgung einer PET-Flasche von 10 auf 4 Rappen zu senken. Ich bin überzeugt, dass unter Konkurrenzdruck die Kosten sogar auf 3 Rappen gesenkt werden könnten – mit entsprechend positiven Folgen für die Gesamtwirtschaft.

Ich bezweifle jedenfalls stark, dass das heutige, von der

PRS gewählte System ökologisch und ökonomisch sinnvoll ist. Die zahlreichen Auto- und Lastwagen-Transporte vom Konsumenten zur Sammelstelle, von der Sammelstelle zum Sortierwerk und vom Sortier- zum Recyclingwerk lassen Skepsis aufkommen. Da aber besonders bei den Sortierwerken wie auch beim gesamten Aufbau der Organisation in der Vergangenheit gigantische Investitionen getätigt wurden, die jetzt amortisiert werden müssen, findet in den nächsten Jahren sicher kein Systemwechsel statt. Vor allem nicht, wenn die PRS einziger, mit einem staatlichen Auftrag betrauter «Entsorger» auf dem Markt werden sollte, wie das jetzt vorgesehen ist. Der nötige Wettbewerbsdruck, rasch bessere Lösungen zu suchen, wäre schlicht nicht vorhanden.

Mehr Wettbewerb bringt höhere Rücklaufquote

Doch es gibt diese besseren Lösungen! Ein Beispiel ist die Stöckli AG in Sursee. Bei verschiedenen Detailhandelsunternehmen holt diese Firma das gesamte Material ab. Dadurch werden Zehntausende von Franken gespart, weil diese Firmen das Material als Retourgut mit ihren Camions zurücknehmen. Allerdings behauptet PET-Recycling Schweiz, die Rücklaufquote liege mit diesem System bei nur 40 Prozent. Diese Behauptung ist nicht nur falsch, sondern frei erfunden und kann überhaupt nicht belegt werden. Sie beruht lediglich auf Schätzungen. Offenbar geht es dem Buwal nur darum, jedes privatwirtschaftliche Engagement zu diskreditieren und auszuschalten. Natürlich widerspricht dies der bundesrätlichen Forderung, den Binnenmarkt zu öffnen, diametral. Und es zeigt krass, wie falsch die Verwaltung die Bevölkerung informiert.

Noch ein Wort zum drohenden Flaschenpfand. Sollte

dieses teure und aufwändige System wirklich eingeführt werden, was sich wohl kein Schweizer Getränke- und Lebensmittelhändler wünscht, dann müsste zumindest dafür gesorgt werden, dass bei uns keine «deutschen Verhältnisse» entstehen. Bei der Einführung des Flaschenpfands in Deutschland wurden die ökonomischen Rahmenbedingungen völlig vernachlässigt. Das führte dazu, dass heute jeder Konsument sein bezahltes Pfand in genau jenem Laden zurückerstattet erhält, in dem er die Flasche gekauft hat! Man kann sich vorstellen, wie gern heute die Konsumenten Getränke in PET-Flaschen kaufen. Die Hersteller anderer Verpackungen werden wohl als einzige von diesem Unsinn profitieren. Sollte das Unheil eines Flaschenpfandes auch uns treffen, müsste zumindest sichergestellt werden, dass die ganze «Sammelübung» sowohl von der Ökologie, der Effizienz, den Kosten wie auch von den zu erwartenden Lenkungswirkungen her sinnvoll ist.

Es darf wirklich nicht sein, dass wir uns zu Sklaven unserer eigenen Gesetze machen – vor allem dann nicht, wenn die übergeordneten Ziele mit anderen Mitteln besser erfüllt werden könnten. Der grösste Profiteur eines Flaschenpfands wäre wohl das Buwal. Es könnte getrost seinen Mitarbeiterstab aufstocken, zum Leid der Steuerzahler. In Deutschland hat die Einführung des Dosenpfandes über 800 Millionen Franken gekostet. Wollen wir wirklich einen solchen Blödsinn auch bei uns durchziehen? Eines ist sicher: Ich werde mich mit aller Kraft dagegen wehren!

Verbandsbeschwerderecht:
Wir brauchen vernünftige Konfliktparteien!

Pfand-Diskussionen werden in vielen Ländern geführt. Wir wollen aber nicht nur die gleichen Schwierigkeiten wie andere haben, sondern erschweren uns das Leben zusätzlich mit einigen Besonderheiten, die unsere Wettbewerbsfähigkeit drastisch beschneiden. Eine davon ist das Verbandsbeschwerderecht. Um es vorweg zu nehmen: Auch mir liegt eine intakte Umwelt am Herzen, auch ich meine, Investoren sollten nicht überall freie Hand haben. Aber es darf nicht sein, dass fast jedes grosse Bauvorhaben in der Schweiz viele Jahre lang verzögert werden kann, weil vor allem ein Verband – der Verkehrsclub der Schweiz (VCS) – mittels des Verbandsbeschwerderechts seine Umweltpolitik durchsetzen will. In der Praxis hat sich gezeigt, dass der VCS heute viel zu leichtes Spiel hat: Die riesige Flut von Baubestimmungen – mehr dazu im 3. Kapitel – führt bei jedem grösseren Bauprojekt zu einer gewissen Rechtsunsicherheit und zu juristischem Spielraum, über den endlos lange debattiert werden kann. Der Bauherr kann sich in der Regel aber keine langen Debatten leisten: Er will bauen, weil ihm sonst Erträge verloren gehen. Und er ist daher bereit, auf teilweise unverschämte Forderungen des VCS einzugehen.

Manchmal agiert der VCS auch hart an der Grenze zum Undemokratischen. Das berüchtigte Gezerre um das Zürcher Fussballstadion ist dafür ein gutes Beispiel: Der Bau des Stadions wurde vom Souverän bewilligt, die Bauherren kamen dem VCS bis zur Schmerzgrenze entgegen. Man gewinnt nun den Eindruck, dem VCS ginge es gar nicht um eine optimale Lösung, sondern um die völlige Verhinderung dieses Baus.

Solches Verhalten ist unsinnig, denn es schränkt unsere Wachstumsmöglichkeiten massiv ein. Bei der Migros zum Beispiel liegen wegen Einsprachen Bauprojekte mit einem Gesamtvolumen von einer Milliarde Franken in der Schublade. Spezialisten gehen davon aus, dass im Moment in der ganzen Schweiz ein Bauvolumen von mindestens 10 Milliarden Franken blockiert ist. Man muss sich einmal vorstellen, was dies für unsere Wirtschaft bedeutet.

Noch einmal: Ich will hier nicht dem baulichen Wildwuchs das Wort reden. Aber es muss möglich sein, in der Schweiz zu bauen, auch gross zu bauen. Der VCS schneidet sich mit seiner sturen Politik ins eigene Fleisch – wobei sich nicht alle Sektionen so stur verhalten. Er zwingt die Politik dazu, das Verbandsbeschwerderecht generell zu überdenken. Ich bin sicher nicht dafür, dass dieses Recht abgeschafft wird – doch wir benötigen vernünftige Konfliktparteien, die Hand bieten für konstruktive Lösungen und nicht einfach als Verhinderer auftreten wollen. Es würde mich jedenfalls freuen, fände ich innerhalb des VCS Brückenbauer, mit denen ich über gute Lösungen diskutieren könnte. Ein möglicher Weg, die Flut von Einsprachen einzudämmen, wäre wohl auch eine Vereinfachung des Baurechts. Wären klarere Vorgaben vorhanden, könnten die Einsprachen schneller gutgeheissen oder abgelehnt werden.

Fazit: Wir brauchen eine rasche Reform des Verbandsbeschwerderechts.

Mit der Parlamentarischen Initiative Hofmann, die das Verbandsbeschwerderecht straffen, die Umweltverträglichkeitsprüfung vereinfachen und Missbräuche verhindern will, gehen wir in die richtige Richtung. Zudem müssen wir auch den Instanzenweg verkürzen, damit die Verfahren weiter beschleunigt werden können. Da sämtliche UVP-pflichtigen Objekte in der Regel ohnehin einen Bebauungs- oder Gestaltungsplan erfordern, ist es falsch, dass Verbände sowohl im Bebauungsplanverfahren als auch im Baubewilligungsverfahren Beschwerde einlegen können. Zudem sollten bei Projekten, denen das Volk zugestimmt hat, die Einsprachemöglichkeiten zusätzlich reduziert werden. Die Behandlungsfristen für Rekursinstanzen und Gerichte sind zeitlich zu limitieren. Die teilweise sehr langen Behandlungsfristen bleiben rechtsstaatlich bedenklich. Aber das Zürcher Verwaltungsgericht hat unter öffentlichem Druck im Fall des neuen Fussballstadions gezeigt, dass es auch schneller geht. Schade, dass Projekte, die weniger spektakulär sind, ein solches «Beschleunigungsprivileg» nicht geniessen.

Hier schafft die überparteiliche Motion Vischer Abhilfe. Sie verlangt, dass nach Eingang der ersten Rechtsschrift nicht mehr als sechs Monate verstreichen dürfen. Auch ich habe im Dezember des letzten Jahres mittels Interpellation dem Bundesrat zahlreiche Fragen rund um die Blockierung von Investitionsvorhaben im Detailhandel und im Sport gestellt. Eines ist klar: In Zukunft muss es wieder möglich sein, in vernünftigen Zeiträumen bauen zu können. Denn ohne Investitionen kann die Schweizer Wirtschaft nicht wachsen.

Manchmal habe ich als Unternehmer den Eindruck, der Staat sei überhaupt nicht daran interessiert, dass es einer Firma gut geht. Das ist doch absurd – ohne Unternehmen keine Arbeitsplätze, ohne Arbeitsplätze keine Wirtschaft!

KMU-Förderung: neue Finanzierungsmodelle

Bundesrat Joseph Deiss, der Vorsteher des Volkswirtschafts-Departementes, bekennt sich zwar zu einer KMU-freundlichen Wirtschaftspolitik. Einerseits soll die administrative Belastung für Unternehmen massiv gesenkt, andererseits die Gründung von Unternehmen vereinfacht werden. Leider sind diesem Bekenntnis bislang nur sehr theoretische Ansätze gefolgt, die auf Beamtenstufe schon Millionen von Franken verschlungen haben – zum Beispiel die Internetplattform «KMUadmin» oder Initiativen zur Sensibilisierung von Studierenden für das Thema Jung-Unternehmertum. Auf der anderen Seite steigt Regulierungsdichte für KMU weiter an. Neuestes Beispiel: Der ominöse Lohnausweis, der sowohl für Unternehmen wie für Lohnempfänger enormen Mehraufwand mit sich bringt.

Unternehmen müssen einfacher gegründet und finanziert werden können! KMU haben bis heute keinen Zugang zur Börse – und damit keinen Zugang zu Kapitalmärkten. Viele KMU bemängeln, Bankkredite seien nur sehr schwer erhältlich. Glücklicherweise wird gegenwärtig das Bürgschaftswesen revidiert – mit dem Ziel, dieses um eine neue Plattform zu ergänzen und insbesondere KMU, die grundsätzlich kreditwürdig sind, aber an ihre finanziellen Grenzen stossen, mit zusätzlichem Kapital auszustatten. Im Moment laufen entsprechende Verhandlungen zwischen Bund, Bank und Bürgschaftsgenossenschaften. Ich meinerseits werde alles daran setzen, dass dieses neue Gesetz bis spätestens Sommer 2005 verabschiedet werden kann.

Ein weiterer für KMU wichtiger Schwerpunkt liegt in der Revision des Risikokapitalgesetzes zur Steigerung fiskalischer Anreize für Wagniskapital. Hier geht es vor allem darum, mit steuerlichen Anreizen dafür zu sorgen, dass Private Geld für Neuunternehmen bereit stellen. Könnte Kapital, das in solche Unternehmen investiert wird, steuerlich abgeschrieben werden, liessen sich viel mehr Investoren finden als heute. Mit diesem Gesetz wären wir fast all unseren Nachbarländern weit voraus – daher ist es wichtig, dass es so schnell wie möglich revidiert wird.

Das wichtigste Instrument zur Förderung von KMU ist aber die Unternehmenssteuerreform. Hier geht es vor allem um die Abschaffung der Doppelbesteuerung von Unternehmensgewinnen. Heute sieht die Sache so aus: Erzielt ein Familienunternehmen einen Gewinn von einer Million Franken, bezahlt es darauf Unternehmenssteuern, die je nach Eigenkapitalausstattung zwischen 30 und 50 Prozent liegen. Meistens sind diese Unternehmen darauf angewiesen, einen Teil des Gewinns als Dividenden auszuschütten. Diese werden aber nochmals besteuert. Damit wird die weitere Unternehmensfinanzierung eingeschränkt, vielfach werden auch dringende Unternehmensnachfolgen erschwert. Ich bin froh, dass mein erfolgreicher Unternehmerkollege im Parlament, Peter Spuhler, in Sachen Unternehmenssteuerreform hart am Ball bleibt.

Eine weitere wichtige Möglichkeit zur Unternehmensförderung, die der Bund geschaffen, aber nie richtig in die Praxis umgesetzt hat, ist der Ausbau des Start-up-Engagements der Kommission für Technologie und Innovation (KTI). Die Erhöhung der Start- und Überlebenschancen von Neugründungen könnte mit sehr kleinem Bundesengagement massiv vergrössert werden. Hier sehe ich eigentlich nur ein einziges Modell: Der Bund soll solchen Unternehmen nur nachrangige Darlehen gewähren – also Eigenkapital, das sich beim Unternehmenserfolg schnell vermehren kann. Mit einem Fonds von beispielsweise 100 Millionen Franken – vom Bund und privaten Investoren geäufnet –, könnte schnell und effektiv viel erreicht werden.

Bilaterale II: Kooperation fördert Wachstum!

Noch wichtiger für die KMU, aber auch für die Schweiz als Ganzes, wäre die Ratifizierung der Bilateralen Verträge II mit der Europäischen Union. Am 1. Mai 2004 ist die EU von 15 auf 25 Staaten erweitert worden. Heute gehören 460 Millionen Menschen dem Staatenbund an. Mit diesem riesigen Gebilde hat die Schweiz die so genannten Bilateralen Verträge II ausgehandelt. Dabei geht es um zehn Dossiers. Der wirtschaftliche Nutzen der Bilateralen II für die Schweiz entsteht etwa durch die nachhaltige Sicherung des Bankkundengeheimnisses für etwa 15 Jahre, aus der Möglichkeit, Holding-Gesellschaften weiterhin nicht zu besteuern, dem verbesserten Zugang zum Tourismusmarkt und zum Markt für landwirtschaftliche Produkte. Die Zusammenarbeit mit der EU bringt auf jeden Fall auch Vorteile für die innere Sicherheit und im Bereich des Asylwesens. Und entgegen anderen Behauptungen muss man festhalten: Die Bilateralen II schaffen keine Präjudizien für spätere EU-Grundsatzentscheide!

Von den zehn zu unterzeichnenden Dossiers sind eigentlich nur zwei umstritten: «Schengen» und «Dublin», benannt nach den Orten, wo die entsprechenden Abkommen ausgehandelt wurden. Bei «Schengen» geht es um die Aufhebung der Personenkontrollen an den Binnengrenzen, bei «Dublin» um eine verstärkte Zusammenarbeit mit den Polizeikorps der EU. Nach Unterzeichnung dieses Vertrags würde unser Land an die elektronische Datenbank aller EU-Polizeikorps angeschlossen.

Die beiden Abkommen bringen konkrete Vorteile: Die Grenzkontrollen würde wegfallen, Touristen könnten mit einem EU-Visum auch in die Schweiz reisen. Asylsuchende, die in der EU bereits abgelehnt wurden, erhielten in der Schweiz kein zweites Verfahren. Besser gestellt wäre die Schweiz bei der Bekämpfung von Schmuggel und Betrug bei Mehrwertsteuer oder Subventionen. Es gibt bei beiden Abkommen aber einen Knackpunkt: Falls die EU wegen eines Steuerdelikts ermittelt, müsste die Schweiz allenfalls Informationen über einen Kontoinhaber offen legen. Die Schweiz ist aber nicht bereit, ihr Bankkundengeheimnis in jedem Fall aufzuheben.

Nur Teile der SVP und der AUNS stellen sich gegen die Bilateralen II. Sie behaupten, ein Beitritt zu «Schengen» würde der Schweiz einen Teil ihrer Souveränität kosten. Dieser Einwand ist teilweise berechtigt. Allerdings muss man auch anerkennen, dass wir Europäer viele ähnliche Probleme haben, die wir nur gemeinsam lösen können. Gegen «Schengen» wird auch angeführt, das Abkommen brächte Kriminellen aus dem Ausland die freie Fahrt in die Schweiz. Letztlich bleibt aber alles beim Alten, denn auch heute gibt es nur sporadische Grenzkontrollen. Da Warenkontrollen weiterhin durchgeführt werden, bleiben die Grenzen auch künftig besetzt.

Sorgen bereitet vielen die EU-Osterweiterung. Diese bringt zwar einen erleichterten Zugang zu neuen Märkten, Gewerkschaften und die Linke befürchten aber eine Masseneinwanderung billiger Arbeitskräfte aus dem Osten. Die Gewerkschaften monieren, es könnte zu Lohndumping kommen, weil wir keine verbindlichen Mindestlöhne hätten. Mit diesem Einwand möchten sie wohl für alle 3,8 Millionen Arbeitnehmer in der Schweiz Mindestlöhne definieren – und so ein längst deklariertes Ziel erreichen. Mindestlöhne wären volkswirtschaftlich aber kontraproduktiv und würden ausländische Investoren abschrecken. Lohnunterbietungen können auch nach Unterzeichnung der Bilateralen II nicht stattfinden, weil wir bereits heute über klare Rechtsgrundlagen verfügen, um Missbräuche abzuwehren.

Die Argumente der Gewerkschaften könnten zur Ablehnung der gesamten Verträge führen. Ich bin fest davon überzeugt, dass unsere Massnahmen gegen Lohndumping genügen, wir keine Masseneinwanderungen erleben und die Löhne nicht sinken werden. Akzeptiert die Schweiz die Bilateralen II, kann sie den Marktzutritt für Personen aus den zehn neuen EU-Ländern sieben Jahre lang einschränken. Wir werden also genügend Zeit haben, um Erfahrungen bezüglich der Lohnentwicklung zu sammeln.

Ich befürchte, dass Gewerkschaften und ausländerkritische Kreise wegen der Ost-Erweiterung das Referendum gegen die Verträge ergreifen könnten. Dieses würde aber nicht nur ein Dossier, sondern die gesamten Bilateralen betreffen. Die EU verhandelt nicht mehr über Einzelheiten. Wir alle wissen, wieviel wir heute von der Zusammenarbeit mit der EU profitieren können – alle Vorteile gingen bei einer Ablehnung der Bilateralen verloren. Wollen wir wirklich das Risiko eingehen, dass die EU uns aus den Vereinbarungen entlässt, weil einerseits unsere Gewerkschaften übertriebene Forderungen stellen, andererseits Teile der SVP und die AUNS Dublin und Schengen mit fadenscheinigen Argumenten bekämpfen?

Bei einer Ablehnung der Bilateralen kämen wir in eine wirtschaftliche extrem schlechte Position; wir wären völlig isoliert von Europa. Welche Konsequenzen dies hätte, wurde in den Luftverkehrsverhandlungen klar. Wir dürfen uns nicht einbilden, wir könnten uns gegen die grosse EU behaupten! Ein Scheitern der Bilateralen II würde uns Arbeitsplätze und Wachstum kosten. Die Gewerkschaften müssen hier unbedingt einlenken; mir genügen schon die Angstmacher von der AUNS.

Alpenkonvention: Zweierlei Recht in einem Land?

Etwas anders sieht es mit einem weiteren internationalen Abkommen aus, das zur Unterzeichnung bereit liegt: der Alpenkonvention. Keine Frage: Der Alpenraum erfüllt viele ökonomische und ökologische Aufgaben – sowohl für die ansässige Bevölkerung, als auch für die umliegenden Bewohner und Länder. Die Alpen sind von internationalem Interesse. Deshalb wurde im Oktober 1989 eine Arbeitsgruppe beauftragt, eine internationale Konvention zum Schutz der Alpen zu erarbeiten. Diese umfasste eine Rahmenkonvention und acht Durchführungsprotokolle mit vielen konkreten und nach der Unterzeichnung zwingenden Bestimmungen.

Die Rahmenkonvention wurde von allen Vertragspartnern ratifiziert. Neben der Schweiz waren das Österreich, Deutschland, Liechtenstein, Frankreich, Slowenien, die Europäische Gemeinschaft, Monaco und Italien. Das Schweizer Parlament sagte 1999 ja zur Rahmenkonvention, stellte die Ratifizierung der Durchführungsprotokolle aber zurück, um erst deren Auswirkungen zu überprüfen. Bis heute ist kein Entscheid gefallen. Die Erfahrung zeigt: Sollte die Schweiz diese Protokolle unterzeichnen, würde sie ihnen wohl als einziges Land auch nachkommen – was Hunderte von Millionen Franken kostete. Weil fast 60 Prozent unserer Landesfläche unter die Bestimmung der Konvention fielen, würden in unserem Land plötzlich zwei Bundesrechte gelten – eines für den Alpenraum, eines für den Rest. Dabei geht unser heutiges Gesetz schon in vielen Punkten über die Bestimmungen der Protokolle hinaus – doch das ist unser Gesetz, das wir selber abändern können, wenn entsprechender Bedarf vorhanden ist. Die Alpenkonvention würde hingegen viele Bestimmungen für Jahrzehnte zementieren und vor allem den Tourismus – unser Alpen-Wirtschaftszweig Nummer eins – nachhaltig schädigen. Darum: Hände weg von der Alpenkonvention! Wir müssen eigene Umweltschutzbestimmungen definieren, die den Besonderheiten unseres Landes Rechnung tragen und die unsere Wettbewerbsfähigkeit nicht massiv beeinträchtigen!

Ich versuche, meine zahlreichen Forderungen zur Stärkung unserer Wettbewerbsfähigkeit auf die fünf wichtigsten Massnahmen hinunterzubrechen. In der laufenden Legislaturperiode kämpfe ich für Folgendes:

1. Schnellstmögliche Ratifizierung der bilateralen Verträge II mit der EU.
2. Verabschiedung eines griffigen Schwarzarbeitsgesetzes.
3. Abschaffung der Doppelbesteuerung für Familien-Unternehmen (Unternehmenssteuerreform).
4. Revision des Risikokapital-Gesetzes zur Steigerung der finanziellen Anreize für private Investoren.
5. Verabschiedung des neuen Bürgschaftsgesetzes bis Sommer 2005.

Ich setze mich dafür ein, dass diese Ziele bis 2007 erreicht sind!

«Heute lehnen sich viele zurück und wollen nicht mehr kämpfen!»

Trisa gehört zu den wenigen Herstellern von Massenkonsumgütern, die noch immer ausschliesslich in der Schweiz produzieren. Aus dem luzernischen Triengen exportiert das Familienunternehmen vor allem hochwertige Zahnbürsten in über 70 Länder. Philipp Pfenniger, 37, leitet gemeinsam mit seinem Bruder Adrian das operative Geschäft. Eine Auslagerung der Produktion hat er auch schon erwogen – aber verworfen.

Philipp Pfenniger, könnte Trisa seine Zahnbürsten in China nicht viel günstiger produzieren als in Triengen?
Wenn man die Fertigung isoliert betrachtet, muss man sagen: Natürlich könnten die Zahnbürsten anderswo günstiger hergestellt werden. Schliesslich sind die Löhne bei uns etwa 30-mal so hoch wie in China. Wenn man aber den ganzen Produktionsprozess berücksichtigt, also auch Innovation, Technologie oder Kundendienst, dann befinden wir uns hier noch immer in einer guten Situation. Wir haben ernsthaft geprüft, ob wir nur die Entwicklung und Administration hier behalten und den Produktionsteil in Billiglohnländer verlagern sollten, sind aber zum Schluss gekommen, dass es sich für uns lohnt, das gesamte Paket hier zu behalten. Wir haben mit Produktionen in Fernost schon Erfahrungen gemacht – da kann es plötzlich sein, dass es keinen Strom oder kein Personal mehr gibt, dass man überhaupt nicht mehr produzieren kann. In der Schweiz haben wir ein stabiles System, und auch für die Glaubwürdigkeit den Kunden gegenüber ist es besser, unsere Produkte bleiben «Made in Switzerland».

Hat denn dieses Label noch immer einen so guten Klang?
Unbedingt! Es steht für die Werte der Schweizer Wirtschaft: hohe Qualität, Innovation, Termintreue und Lieferservice. Die Kunden sind noch immer bereit, für all diese Stärken einen höheren Preis zu bezahlen.

Das heisst: Sie können sich dem allgemeinen Klagen über die schlechten Rahmenbedingungen, welche die Wirtschaft in der Schweiz vorfindet, nicht anschliessen?
Trisa ist in den letzten zehn Jahren sehr stark gewachsen; unser Umsatz stieg von 63 auf 167 Millionen Franken, wir schufen 385 neue Arbeitsplätze. Da können wir jetzt natürlich nicht kommen und lamentieren, die Rahmenbedingungen seien schlecht. Aus unserer Sicht könnten sie wohl kaum besser sein, sonst wären wir nicht so erfolgreich. Wir haben hervorragende, treue, motivierte Mitarbeiter auf gutem Ausbildungsniveau; wir sehen, dass Innovation möglich ist, erleben täglich, wieviel man hier bewegen kann. Aber selbstverständlich nehmen auch wir negative Tendenzen wahr.

Zum Beispiel?
Meines Erachtens führt die Polarisierung in der Politik zu einer regelrechten Blockade. Man hat beim Steuerpaket gesehen, wie sich eine solche auswirkt – erst gab es ein langes Hin und Her, schliesslich ein Volksnein. Dabei ist allen bewusst, unser Steuersystem müsste dringend reformiert werden. Einst gehörte die Schweiz bezüglich Unternehmenssteuern zu den attraktivsten Standorten der Welt; mittlerweile ist die Staatsquote derart angestiegen, dass wir ins Mittelfeld abgerutscht sind. Ich bin überzeugt, wenn man sich zusammenraufte, könnte man gescheite Lösungen finden, um die Schweiz für Firmen wieder attraktiv zu machen. Dazu ge-

hörte auch, dass man den administrativen Aufwand für die Unternehmen nicht ständig erhöht. Der neue Lohnausweis zum Beispiel geht für mich in die komplett falsche Richtung – da werden vor allem die KMU über Gebühr strapaziert. Man darf aber nicht einfach über den Staat schimpfen, sondern muss auch sehen, dass dieser zum grossen Teil ein Abbild unserer gesellschaftlichen Realität ist. Staatsquote und Regulierung haben zugenommen, weil sich in der Gesellschaft Versicherungsmentalität breit gemacht hat. Früher herrschte bei uns echter Pioniergeist, heute lehnen sich viele zurück und wollen nicht mehr kämpfen. Man will das Leben geniessen und alles von der Geburt bis zum Tod geregelt wissen.

Wie drückt sich dieser Mentalitätswandel konkret aus?
Zum Beispiel bei der Invalidenversicherung. Es kann mir wirklich niemand erzählen, der enorme Zuwachs an IV-Fällen habe allein medizinische Ursachen. Man überwälzt dem Staat einfach immer mehr Aufgaben – da darf man sich nicht wundern, wenn er immer teurer wird. Ich finde, das Individuum müsste unbedingt wieder mehr Verantwortung übernehmen.

Lässt sich ein entsprechender Mentalitätswandel forcieren?
Davon bin ich überzeugt. Es wird jetzt ja schon einiges getan, um den Trend hin zur Eigenverantwortung zu beschleunigen. Es gibt Pläne, die Sozialhilfe so auszurichten, dass jemand, der sich um Arbeit bemüht, dafür belohnt wird. Man muss alle Systeme in diese Richtung entwickeln: Wer sich Mühe gibt, etwas zu erreichen, soll dafür nicht bestraft werden.

Während alle um Wachstum kämpfen, rauscht Trisa dynamisch in die Zukunft. Was unterscheidet Ihr Unternehmen von anderen?
Mein Vater, der uns nach seiner Pensionierung im vergangenen März heute noch tatkräftig begleitet, erkannte früh: Nur ein Mitarbeiter, dem es wohl ist, kann gute Arbeit leisten. Wir kümmern uns sehr um unser Personal, deshalb haben wir auch Leute, die mit uns durch dick und dünn gehen. Ein zweiter Schlüssel zum Erfolg ist die Innovation. Sie wird bei uns gezielt und professionell betrieben.

Für einen Konsumenten wirkt eine Zahnbürste ehrlich gesagt nicht gerade wie ein High-Tech-Produkt, das ständig verbessert werden muss ...
Ja, das glaube ich. In Wirklichkeit sind die Möglichkeiten aber enorm – und werden durch zusätzliche technische Entwicklungen immer grösser. In diesem Herbst werden wir wieder einen neuen Meilenstein in der Mundhygiene setzen. Vertrauen Sie mir, eine Zahnbürste wirkt wie ein einfaches Produkt, aber wir erwarten noch Quantensprünge! Für uns bleibt die Innovation deshalb das Mass aller Dinge. Würden wir jetzt nur noch die bisherigen Erfolge verwalten, wären wir in spätestens fünf Jahren weg vom Fenster.

Was könnte Ihr Unternehmen sonst noch benachteiligen?
Für uns bleiben die Währungen ausserordentlich wichtig. Wenn der Dollar so tief ist wie jetzt, ergibt das im internationalen Geschäft enorme Verzerrungen. Plötzlich sind unsere Produkte auf dem internationalen Markt 30 bis 40 Prozent teurer, weil der Dollar gegenüber dem Schweizer Franken verliert – da können wir noch so viel Innovation betreiben, wir sind nicht mehr konkurrenzfähig. Deshalb legen wir grossen Wert auf stabile Währungen. Die Nationalbank hat

diesbezüglich viel gelernt; früher wurde nur darauf geachtet, dass es keine Inflation gibt, heute werden auch die Währungen stabilisiert. Wichtig ist für uns auch, dass sich die Schweiz in Europa integriert. Es ist gut, dass wir jetzt die Personenfreizügigkeit haben, so müssen wir nicht mit Personalverknappung rechnen – es wird nämlich bereits wieder schwieriger, gute Leute zu finden. Eine Öffnung gegenüber Europa müsste jetzt auch beim Warenverkehr angestrebt werden; so sollten zum Beispiel Parallelimporte möglich werden.

Wo, glauben Sie, steht die Schweiz in zehn Jahren?
Wenn der Leidensdruck noch etwas grösser wird, wird man erkennen, dass man den Sozialstaat zu stark ausgebaut hat. Man wird Massnahmen ergreifen, um als Staat wettbewerbsfähig zu bleiben. Dazu gehört auch eine Reform des Steuersystems. Ich nehme an, dass die Schweiz bezüglich Europa zwar wie so oft ein Sonderzüglein fahren, sich aber gut integrieren wird. Sie sehen: Ich bin kein Schwarzmaler. Die Schweiz hat noch immer sehr gute Chancen. Weil wir den Sozialstaat nie so stark ausgebaut haben wie zum Beispiel die Deutschen, werden wir ihn auch nicht so stark zurückbauen müssen. Es gibt einen Korrekturbedarf, aber er ist sicher viel weniger gross als in Deutschland. Dennoch finde ich es sehr wichtig, dass man heute die Probleme auf den Tisch legt – und dass es Leute gibt, die auch unangenehme Themen anschneiden!

3. Unser Staat leidet an Fettsucht und muss abspecken!

Die Verwaltung wächst ungebremst und produziert dabei Leerläufe am Laufmeter – das Bundespersonal wird gehätschelt – Sparübungen kosten ein Vermögen.

Kürzlich sagte Christoph Blocher in einem Interview, die Staatsausgaben könnten um 30 Prozent gesenkt werden – unser Staat würde dann sogar besser funktionieren! Wie die meisten Leute war ich zuerst über diese Aussage geschockt, dann verwundert. Je mehr ich mich aber mit unserer Verwaltung auseinander setze, desto stärker gelange ich zur Überzeugung: In der Aussage des Bundesrats liegt viel Wahrheit. Übrigens äusserte sich auch schon Blochers Kollege Hans-Rudolf Merz, der Finanzminister des Bundes, ähnlich. Dass die beiden neuen Bundesräte den Mut haben, solche Ansichten offen zu äussern, verdient Respekt und Anerkennung. Allerdings müssen sie jetzt auch damit rechnen, an ihrer eigenen Aussage gemessen zu werden; sie sind gefordert, in ihren Departementen mit gutem Beispiel voranzugehen und abzuspecken.

Statt weniger Personal ständig mehr

Es wäre ja schon ein Erfolg, wenn es ihnen gelänge, die Kosten auf dem heutigen Stand einzufrieren. Der Verwaltungsapparat wächst nämlich stetig. Seit 1991 stieg der Personalbestand beim Bund von 153 000 auf 169 000 Vollzeitstellen –

das entspricht einer Zunahme von 16 000 Stellen oder 10 Prozent. Im selben Zeitraum stieg die Bevölkerungszahl nur um 4,8 Prozent. Dabei hätte der Personalbestand eigentlich geringer werden müssen, weil an vielen Orten abgebaut wurde. So hat das Militär zum Beispiel mehrere tausend Stellen gestrichen; ganze Bereiche wie die Rüstungsfirma RuAG, die Pensionskasse Publica oder die Luftüberwachung Skyguide wurden ausgegliedert. Alles in allem müssten so mindestens 4000 Stellen aus dem Bundesbestand gefallen sein. Das bedeutet: Es wurde an anderen Stellen noch viel gewaltiger aufgerüstet, als man aufgrund der nackten Zahlen annehmen könnte.

Hinter der völlig überproportionalen Personalaufstockung steht vor allem eine nicht minder überproportionale Reglementierungsdichte. Es gibt laufend neue Gesetze und Verordnungen, um die sich jemand von Amts wegen kümmern muss. Allein im Baubereich sind von Bund, Kantonen und Gemeinden in den letzten Jahren rund 2500 neue Vorschriften erlassen worden! Dies darf nicht erstaunen, haben wir doch neben entsprechenden Bundesgesetzen 26 kantonale Baugesetze und gegen 300 kommunale Bauordnungen.

Stellen Sie sich einmal vor, was das für ein schweizweit tätiges Unternehmen wie die Migros bedeutet; jedes Baugesuch wird in einer derart unübersichtlichen Situation zum Spiessrutenlauf. Zumal, wie ich in Kapitel 2 bereits ausführte, manche Verbände nur darauf warten, ein Bauprojekt zu torpedieren. Das Bundesamt für Raumplanung hat berechnet, dass uns der Dschungel an Bauordnungen insgesamt 2,4 bis 6 Milliarden Franken kostet – dieses Geld liesse sich bei einer einheitlichen Regelung mehrheitlich einsparen.

Ämter «sparen» sich nicht schlank, sondern fetter!

So wie die Anzahl Gesetze immer grösser wird, nimmt auch der bürokratische Perfektionismus immer gigantischere Formen an. Heute ist der Verwaltungsapparat so angelegt, dass jener, der möglichst viele Mitarbeiter unter sich hat oder um sich schart, als erfolgreich gilt und ein entsprechend höheres Einkommen erzielt. Da erstaunt es natürlich nicht, dass sich jeder Abteilungsleiter gegen Umstrukturierungen und Stellenabbau wehrt – selbst wenn der Arbeitsanfall in seinem Amt nachweislich zurückgeht.

Dazu ein Beispiel: Seit Jahren verfügt das Amt für Flüchtlingswesen über etwa gleich viele Mitarbeiter, obwohl der Flüchtlingstrom mal um 50 Prozent ansteigt, sich dann wieder um 30 Prozent reduziert. Auf die Veränderung beim Arbeitsanfall reagiert man jeweils, indem man die vorgegebene Zeit zur Bearbeitung eines Dossiers verlängert oder kürzt.

Ein Kenner hat mir gegenüber geäussert, in diesem Amt seien aufgrund schlechter Planung in den letzten fünf Jahren zwischen 25 und 40 Millionen verpulvert worden. Zum Beispiel so: Ein junger Angestellter erhielt die Bewilligung, von zu Hause aus zu arbeiten, weil er gleichzeitig seine Dissertation schreiben wollte. Entlöhnt wurde er nach Anzahl der von ihm bearbeiteten Dossiers. Kein Wunder, arbeitete der Mann darauf unheimlich schnell – er erledigte fortan die Dossiers in der halben Zeit und kam so auf einen doppelt so hohen Stundenlohn! Bundesrat Blocher ist hier unter enormen Widerständen daran, gegen diese Missstände anzugehen.

Ich will nicht ungerecht sein: Dem Bund, den Kantonen und Gemeinden ist die Situation seit Jahren bekannt. Verschiedene Stellen kämpfen gegen die grotesken Effizienzverluste an, suchen bei der Privatwirtschaft nach Wegen, wie sie der gigantischen Geldverschwendung Herr werden könnten. Unter dem Begriff «New Public Management» (NPM) versucht man, die Verwaltung transparenter und leistungsorientierter zu machen, sie in eine professionelle Dienstleistungsorganisation zu verwandeln. Leider kosten aber auch diese Experimente viel Geld, denn es werden dafür ganze Heere von Beratern und Universitätsprofessoren aufgeboten. Vermutlich verdienen sich Tausende an der Planung des NPM eine goldene Nase. Doch erreicht wird wenig, im Gegenteil: Die Verwaltungskosten steigen weiter munter an.

Weil kaum jemand den Mut hat, hier einmal richtig aufzuräumen, auch Personal zu entlassen, Löhne zu kürzen, Ämter zu schliessen, kurz: wirklich Geld zu sparen. Wie das neueste Beispiel aus dem Departement für Bevölkerungsschutz, Verteidigung und Sport (VBS) von Samuel Schmid zeigt, werden zahlreiche interne Berichte erstellt, die dann ohne weitere Folgen in der Schublade landen. In anderen Departementen geschieht seit Jahren das gleiche: Millionen von Franken werden für Gutachten verschleudert, ohne dass deren Empfehlungen in die Praxis umgesetzt würden, denn meist setzen sich betroffene Chefbeamte mit Erfolg zur Wehr!

WoV: Sparmassnahme – oder Verschleuderungsmethode?

So wie das der Kanton Solothurn vormachte. 1994 stand dieser Kanton vor einem finanziellen Scherbenhaufen: Die Pleite seiner Kantonalbank bescherte ihm ein Defizit von 394 Millionen Franken. Die Leute an der Aare mussten reagieren. Im Sommer 1995 lancierte der Kantonsrat in der Not das Projekt «Schlanker Staat». Teil davon war – und ist – die «Wirtschaftsorientierte Verwaltungsführung», kurz WoV. Sie ist nicht nur eine Verwaltungsreform, sondern eine eigentliche Staatsleitungsreform. Unter WoV arbeitet der Kanton Solothurn mit Globalbudgets, der Bürger wird als «Kunde» angesehen. Man hat neue Führungsinstrumente entwickelt und SAP eingeführt, die Dienstleistungen der Verwaltungen werden in Produktegruppen kategorisiert; jede Dienstleistung ist ein Produkt für sich. Nun wissen die Solothurner Säckelmeister genau, wie teuer ein einzelnes Produkt ist.

Pragmatisch, hartnäckig und mit viel Motivation haben die Solothurner so ihre Finanzen saniert. Defizite gehören der Vergangenheit an, der Kanton Solothurn ist heute schuldenfrei: 2003 konnten ein operativer Überschuss von 36,7 Millionen Franken verzeichnet und die Steuern gesenkt werden! Die Solothurner dürfen stolz sein auf diese Leistung. Und dies erst recht, wenn man weiss, dass die Projektleitung WoV beim Kanton Solothurn gerade einmal 1,5 Stellen umfasst. Der Kanton Solothurn ist übrigens der Kanton mit den zweitwenigsten Staatsangestellten im Verhältnis zur Bevölkerung – die Nummer eins ist Uri.

Wer nun glaubt, WoV sei das Heilmittel gegen Staatsdefizite und müsse nur überall eingeführt werden, der hat die Rechnung leider ohne den Wirt gemacht. Auch die Kantone Basel-Stadt, Aargau, Zürich – die gern über die «kleinen» Solothurner lächeln – haben versucht, WoV umzusetzen – und gaben erst einmal einen Haufen Geld dafür aus. In Basel-Stadt belief sich der Projektkredit auf eine Million, in Zürich sogar auf zehn Millionen Franken! Die Solothurner gaben für Experten gerade einmal 80 000 bis 100 000 Franken aus – diese Summe scheint also zu reichen.

FLAG: Keine Flaggschiffe der Sparsamkeit

Ein Ärgernis für die Steuerzahlenden ist WoV leider auch in der Bundesverwaltung. Seit ein paar Jahren gibt es FLAG-Ämter. Dazu gehören zum Beispiel die Landestopographie oder Meteoschweiz. FLAG heisst «Führen mit Leistungsauftrag und Globalbudget». Der Erfolg dieser «Flaggschiffe» der Administration ist mässig, aber FLAG ist teuer. Und es sind nicht nur 1,5 Stellen wie in Solothurn, die dafür eingesetzt werden. FLAG beschäftigt in der Bundesverwaltung zurzeit über 300 Leute – jeder kann selbst ausrechnen, wieviel das den Steuerzahler jährlich kostet!

FLAG stösst vor allem auf mangelnde Akzeptanz. Es braucht bei solchen Projekten einflussreiche Persönlichkeiten aus dem Bundesrat sowie aus dem National- und Ständerat, die voll dahinter stehen. Nur dann hätte die Projektleitung jene Rückendeckung, die sie dringend benötigt. Heute versuchen aber nur subalterne Angestellte, FLAG gegen alle Widerstände am Leben zu erhalten. Querbeet stemmen sich die Verantwortlichen dagegen, aus Angst, ihre Königreiche könnten kleiner werden. Sie haben leichtes Spiel mit ihrer Verhinderungstaktik, denn die Kompetenzen sind nicht klar geregelt. Wer weiss schon, wer die Projektleitung bei FLAG inne hat? Ist es die Finanzverwaltung? Oder das Personalamt? Dass viele Stellen involviert sind, lässt sich allein daran ablesen, wieviele verschiedene Newsletter über FLAG im Umlauf sind.

Trotz guter Absichten sind die FLAG-Ämter bis heute nicht schlanker, sondern fetter geworden. Seit 2002 stiegen ihre Budgets kontinuierlich und überdurchschnittlich. Ich setze mich deshalb dafür ein, dass FLAG in Bern so umgesetzt wird wie WoV im Kanton Solothurn. Die erfolgreiche und zielstrebige Sanierung der Solothurner Staatsfinanzen seit 1995 soll als Vorbild dienen. Ich bin überzeugt, dass die Experten um den Solothurner Finanzdirektor Christian Wanner und den damaligen Präsidenten der WoV-Kommission, Nationalrat Kurt Fluri, gerne bereit wären, ihr Know-how auch in Bern einfliessen zu lassen.

Wir alle blähen den Staat auf

Mehr Bürokratie kostet uns nicht einfach mehr Steuergeld – zahlreiche Einwohnerinnen und Einwohner der Schweiz werden von der Ineffizienz des Verwaltungsapparates gleich doppelt bestraft: Durch höhere Steuern und zusätzliche Abgaben. Ein Beispiel dafür ist die halbjährliche Abrechnung der Mehrwertsteuer. Jedes Jahr wendet die Privatwirtschaft dafür mehrere Milliarden Franken an Administrativkosten auf. Der Formularkrieg mit staatlichen Ämtern ist enorm. Es wurde errechnet, dass ein Firmenchef pro Jahr 80 bis 250 Stunden damit verbringt, Formulare, Rapporte, Abrechnungen oder Statistiken für die verschiedenen Behörden zu erstellen. Bei den Pensionskassen summiert sich der Verwaltungsaufwand mittlerweile auf 2,8 Milliarden Franken, wie der Schweizerische Kaufmännische Verband errechnete. Man stelle sich einmal vor, wofür all dieses Geld eingesetzt werden könnte!

Auch beim Aufblähen des Verwaltungsapparates gibt es aber nicht nur einen Schuldigen – wir tragen alle teils dazu bei. Mit ihren unendlich vielen Vorstössen vergrössern auch die Politiker den Staatsapparat. Hier fordern die Linken, dort die Rechten – und am Schluss bezahlen die Bürgerinnen und Bürger die Rechnung.

Mit Recht hat die CVP Schweiz im Vorfeld der Eidgenössischen Wahlen 2003 gefordert, die administrativen Aufwendungen für KMU um 50 Prozent zu entschlacken. Das ist eine gute Messgrösse, der sich auch unser Bundespräsident verpflichtet hat. Doch was würde es bedeuten, wenn die CVP ihre Forderung durchsetzen könnte? 7000 bis 10 000 Verwaltungsangestellte von Bund und Kantonen stünden auf der Strasse. Das wäre hart – offenbar so hart, dass man lieber nichts unternimmt und den unseligen Zustand weiter zementiert. Die CVP wäre jetzt gefordert, mit konkreten Ansätzen aufzuzeigen, wie sie sich den Abbau vorstellt. Man darf nicht nur vom Abbau reden, sondern muss ihn vorantreiben!

Militärflugplätze:
Theoretisch stillgelegt, praktisch unterhalten

Anfangen könnte man zum Beispiel im Militärdepartement, das bis zur nächsten (teuren) Namensänderung ja Departement für Verteidigung, Bevölkerungsschutz und Sport (VBS) heisst und das noch immer etwa neun Milliarden Franken im Jahr verschlingt. Die Verschwendung liegt im Detail. Auf dem Waffenplatz Bremgarten errichtete der Bund 20 vollkommen überteuerte Bürocontainer, die über eine Million Franken gekostet haben – in Rümlang wurden doppelt so viele Occasions-Container für gerade einmal 350 000 Franken aufgestellt. Am liebsten kauft man beim Bund eben das Teuerste. Vielfach bestimmen Beziehungen darüber, mit wem geschäftet wird. Um die Geldverschleuderung zu verhindern, müsste es beim Bund so etwas wie interne Preisüberwacher geben, zwei bis drei Spezialisten, welche alle Investitionen prüften. Durch solche Kontrolleure liessen sich mehrere 100 Millionen Franken einsparen.

Völlig daneben ist der Plan des Militärs, zwei Transportflugzeuge einzukaufen. Der vorgesehene Typ CASA 295 ist für die Bedürfnisse der Armee überhaupt nicht geeignet. Die Maschine hat mit 1500 Kilometern eine viel zu kurze Reichweite, eine viel zu kleine Nutzlast und kann gerade einmal 45 Soldaten ohne Ausrüstung befördern. Trotzdem kostet sie etwa doppelt soviel, wie andere Länder dafür bezahlen. Mit einer schon fast beeindruckenden Beharrlichkeit versucht der Chef Armee, dieses Flugzeug durchzuboxen, obschon der Chef Luftwaffe kein Bedürfnis dafür angemeldet hat. Fachkreise mutmassen, es sei bereits Geld aus Spanien geflossen, darum müsse das Flugzeug um jeden Preis gekauft werden. Eine grosse amerikanische Firma offerierte dem Bund den Kauf oder Mietkauf einer gebrauchten, aber auf Neuzustand überholten Transportmaschine des Typs C-130, die für die Bedürfnisse der Schweizer Armee bestens geeignet wäre. Die Offerte war an den Rüstungschef gerichtet. Die Firma hat bis heute keine Antwort erhalten! Offenbar will man einfach keine günstige Lösung haben.

Geld verschleudert das Militär auch mit der völlig überteuerten Wartung der Flugzeugflotte durch die RuAG. Zwar hat die Privatisierung der RuAG den Bund um Millionen von Franken entlastet – das Geld wird heute aber wohl wieder aus dem Fenster geworfen, weil niemand weiss, zu welchen Konditionen der Bund Aufträge an die RuAG vergibt und ob deren Konkurrenz bei Evaluationen überhaupt berücksichtigt wird.

Trotz der massiven Verkleinerung der Armee sind in die meisten internen Verwaltungsämter des VBS kaum Stellen gestrichen worden. Militärflugplätze, die heute de facto stillgelegt sind, verfügen im Bereich Unterhaltsarbeiten noch über Personal. Jeder Politiker weiss, dass die Verwaltung des

Militärdepartements um mindestens ein Viertel verkleinert werden könnte. Doch alles, was man diesbezüglich vernommen hat, ist Bundesrat Samuel Schmids Ankündigung, bis ins Jahr 2010 pauschal 2000 Stellen abzubauen. Das ist keine Leistung, denn man kann davon ausgehen, dass bis zu diesem Zeitpunkt viele Abgänge über Pensionierungen erfolgen. Es muss wohl kaum jemand entlassen werden. Man weicht dem dringend Notwendigen einfach aus, schiebt die Probleme auf die lange Bank – in der Hoffnung, sie würden sich dann ganz von allein lösen.

Das mysteriöse Verschwinden unangenehmer Berichte

Mich hat darum der kürzlich losgetretene Skandal über das Verschwinden des VBS-Berichtes, welcher Sparmöglichkeiten von Hunderten von Millionen Franken im Departement aufzeigte, nicht erstaunt. Ähnliche Berichte haben in anderen Departementen ein ähnliches Schicksal erlitten. Unser System ist darauf ausgerichtet, dass niemand Führungsverantwortung übernimmt – weder der Bundesrat, noch das Parlament oder die obersten Hierarchiestufe der Verwaltung.

Auch David Syz könnte davon ein Lied singen. 1999 kam er als Direktor ins Staatssekretariat für Wirtschaft (Seco), nachdem er jahrelang wichtige Positionen in der Privatwirtschaft inne gehabt hatte. Er wollte etwas bewegen, war voller Tatendrang, wurde aber letztlich vom System behindert und verliess seinen Posten schliesslich resigniert. Im Nachhinein hiess es, Syz habe nichts bewegt, seine Leistungen seien enttäuschend gewesen – das bestürzt mich!

Regelrecht schockierend finde ich, dass jene, welche den notwendigen «VBS-Sparbericht» initiierten, zum Bauernopfer wurden. Generalsekretär Juan Gut machte sich mit seinen Reformvorschlägen bei verschiedenen Führungsstufen unbeliebt; er gefährdete deren Jobs. Deshalb wurde er vom Departementschef in die Wüste geschickt. Die Sicherheitskommission des Nationalrates (SiK) sprach Bundesrat Schmid in dieser Angelegenheit das volle Vertrauen aus. Wer hat für so etwas Verständnis? Ich nicht! Juan Gut wurde mit einem «goldenen Fallschirm» versehen, der die Steuerkassen um einige hunderttausend Franken belastet. Dabei würde das Departement Leute seines Schlages unbedingt brauchen.

Dass es innerhalb der VBS an allen Ecken und Enden rumort, zeigt auch das Debakel rund um das Personalinformations-System der Armee (PISA). Entgegen der Empfehlung von Generalsekretär Gut und dem damaligen Rüstungschef Wicki wurde eine Software gewählt, die beim Bund unüblich ist. Mit dem Resultat, dass nun die Kosten mehr als doppelt so hoch sind wie ursprünglich vorgesehen und das System nicht funktioniert.

Der für die Wahl der Software verantwortliche Divisionär ist immer noch im Amt. Auch wenn er aus dem Verkehr gezogen würde, hätte er finanziell nichts zu befürchten: Er bekäme einen goldenen Fallschirm.

Informatiksysteme sorgen ohnehin für grösstes Chaos in der Bundesverwaltung. Jedes Departement hat sein eigenes System, hegt sein eigenes Gärtchen. Die Vernetzung ist katastrophal, die Ausfälle sind überdurchschnittlich hoch. Das hier seit Jahren in verschiedensten Berichten aufgezeigte Sparpotential – man spricht von 300 bis 500 Millionen Franken jährlich – wurde nie genutzt, weil sich niemand in diesem Bereich unbeliebt machen will. Ein weiteres Kuriosum im VBS: Berufsmilitärs gehen mit 58 Jahren in Pension. Das geht zurück auf die 1970-erjahre, als Instruktoren auch samstags und sonntags arbeiten mussten. Heutzutage gibt es auch bei Instruktoren kaum mehr Wochenendarbeit, trotzdem hat Bundesrat Schmid im letzten Dezember anlässlich einer Information der neuen Parlamentarier auf meine Frage hin behauptet, Instruktoren gingen deshalb so früh in Pension gehen, weil sie viel Überzeit und aussergewöhnliche Einsätze hätten. Wer je Militärdienst geleistet hat, weiss, dass dies nicht stimmt. Dieser alte Zopf kostet uns jährlich viele Millionen Franken.

Beamte gibt es noch immer!

Nichts gegen Grosszügigikeit, aber in Personalfragen wird in der Bundesverwaltung der Bogen eindeutig überspannt. Zwar wurde das Beamtenrecht glücklicherweise abgeschafft, in der Realität existiert es aber weiterhin, denn die Personalreglemente der öffentlichen Verwaltung mit ihren Hunderten von Dokumenten sind so umfangreich und regeln jedes Detail so genau, dass man sagen muss: Ein Verwaltungsangestellter, der seinen Job ordentlich macht, pünktlich zur Arbeit erscheint, nicht auffällt und sich strikt an die Anweisungen hält, hat einen Job auf Lebenszeit.

Tatsächlich kann einem Mitarbeiter in der Bundesverwaltung ab dem 57. Altersjahr praktisch nicht mehr gekündigt werden. Ist eine Kündigung trotzdem nötig, muss der Mitarbeiter während eines Jahres interdepartemental zur Vermittlung ausgeschrieben werden. Findet er in dieser Zeit keine neue Stelle, wird ihm ein sechsmonatiges Outsourcing angeboten. Fruchtet auch dieses nichts, wird der Mitarbeiter eben zu goldenen Bedingungen frühpensioniert. Übrigens hat der Mitarbeiter während dieser ganzen Zeit verbrieftes Anrecht auf einen ständigen Betreuer. Allein die Begleitkosten eines solchen Falles belasten den Bund um mindestens 80 000 Franken.

Das Personal scheint dem Bund wirklich viel wert zu sein. Sämtlichen Angestellten garantiert er 68 freie Tage (ohne Samstage und Ferien) – unabhängig davon, wo diese arbeiten und auf welchen Wochentag ein Feiertag fällt. Ein Bundesbeamter kommt somit auf mindestens 150 Tage bezahlte Freizeit. Fällt beim Bund ein Feiertag auf ein Wochenende, können die Angestellten einen anderen Tag frei nehmen. Diese zusätzlichen Arbeitsausfälle haben im Jahr 2004 einen Wert von gegen 75 Millionen Franken. Vor sechs Jahren wurden dem Bundespersonal Teuerung und Reallohnerhöhung nicht gewährt. Stattdessen erhielt jeder einer Woche mehr Ferien. Obwohl diese Regelung befristet war, ist sie bis heute nie korrigiert worden!

Ich bin überzeugt: Die wirksamste Art, die Effizienz der öffentlichen Verwaltung zu steigern und Kosten einzusparen, ist eine Änderung der Anstellungsbedingungen für das Personal. Fortan sollen bei der Entlöhnung nicht nur Ausbildung, Bildung, Erfahrung und Art des Aufgabenkreises eine Rolle spielen, sondern vor allem die persönliche Leistung. Die leistungsabhängige Komponente sollte zwischen 10 und 20 Prozent des Gesamtgehaltes ausmachen – je höher der Rang, desto grösser dieser Anteil. Ungenügende Leistung müsste selbstverständlich zu einer Kündigung führen können. Und zwar zu einer, die nicht noch riesige Folgekosten nach sich zieht. Völlig unverständlich und gegen jede Vernunft ist die bundesrätliche Verordnung über die Stellen- und Personalbewirtschaftung im Rahmen von Entlastungsprogrammen und Reorganisationen vom 6. Juli dieses Jahres, die alles wieder zementiert.

Eine Bildungsdirektion ist genug!

Ich habe jetzt oft gegen die Bundesverwaltung gewettert, muss aber anfügen: Auf kantonaler Ebene läuft es nicht viel besser. Dank ausgeprägtem Kantönligeist haben wir in der Zentralschweiz praktisch alles in sechsfacher Ausführung. Fast jedes Amt gibt es sowohl in Luzern, Zug, Schwyz, Uri, Nidwalden und Obwalden. Ich stelle die provokante These auf, dass ein Bildungsdepartement für sämtliche Zentralschweizer Kantone ausreichen würde. Interessanterweise wird ja im pädagogischen Fachhochschulbereich bereits interkantonal zusammen gearbeitet, im Primarschulbereich jedoch nicht. Es ist nicht einzusehen, weshalb ein Kind in Obwalden etwas anderes lernen sollte als eines in Luzern – eventuell sitzen die beiden später in einer Fachhochschule im gleichen Lehrgang. Es bräuchte auch nur eine Lehrmittelzentrale für die gesamte Zentralschweiz. In einem Vortrag habe ich das übrigens einmal angedeutet – und löste einen Sturm der Entrüstung aus, denn schliesslich hat jeder irgendwo einen Freund, der von der heutigen Situation profitiert.

Zusammenlegen könnte man auch die Bildungsdepartemente anderer Regionen der Schweiz – und natürlich auch viele andere Departemente. So oder so müssen wir weg vom Kantönligeist – vor allem im Bildungswesen, wie ich im 6. Kapitel ausführe. Ein einheitliches Bildungssystem wäre für Lehrer und Schüler eine Erleichterung und würde die Wettbewerbsfähigkeit der Schweiz massiv erhöhen. Ausserdem könnten in der Verwaltung Hunderte von Millionen Franken eingespart werden! Doch ich bin mir bewusst: Es ist ein weiter Weg zu schlankeren Strukturen. Überall geht es um Macht und um gute Freunde.

Der Steuerzahler ist König, der Erfolg frappant!

Ich will aber nicht nur klagen, es gibt auch positive Beispiele. In den Kantonen Schwyz, Unterwalden und Zug wird der Bürger heute – ganz nach den Leitsätzen des «New Public Management» – auf fast allen Ämtern wie ein Kunde behandelt. Die dadurch erzielten Resultate sind erstaunlich und erfreulich, denn aufgrund der zuvorkommenden und unkomplizierten Behörden konnten zahlreiche Neuansiedlungen von Firmen registriert werden. Das heisst: Die konsequente Umsetzung von NPM bringt Erfolg. Sie ist aber nur möglich bei einer entsprechenden «Unternehmenskultur» der Behörden.

Ich bin überzeugt, dass wir in der laufenden Legislaturperiode die Verwaltung abspecken müssen und können. Dazu müssen wir aber folgende Massnahmen ergreifen: Wir brauchen beim Bund ein WoV-System nach Solothurner Modell! Die bedingt ein neuartiges Controlling, welches mit enormen Kompetenzen versehen ist!

Ich setze mich dafür ein, dass diese Ziele bis 2007 erreicht sind!

«Die Armee hat doch nicht die Aufgabe, Strukturen zu erhalten!»

Der Solothurner Roland Borer ist seit 1991 Nationalrat und Mitglied der Sicherheitspolitischen Kommission (SiK). Er gehört der SVP an.

Roland Borer, als Mitglied der Sicherheitspolitischen Kommission haben Sie mehrfach kritisiert, die Armee verschleudere Geld.

Dies ist nicht ganz korrekt. Das Parlament und die Verwaltung verschleudern Geld, das eigentlich in der Armee viel zielgerichteter benötigt würde! Ich habe das Gefühl, dass die Armee für Zwecke missbraucht wird, die mit ihren Auftrag nur wenig oder teilweise sogar nichts zu tun haben.

Inwiefern?
Man beschafft nicht mehr Materialien und Rüstungsgüter, die man benötigt, sondern, um mit den entsprechenden Aufträgen regionale Strukturerhaltung zu betreiben. Besonders problematisch ist dabei, dass die Firmengruppe RUAG, die besonders viel politische Unterstützung erfahren darf, zu 100 Prozent dem Bund gehört!

Haben Sie ein Beispiel für solche regionale Strukturerhaltung?
Ich gehöre der SiK seit 1991 an. In der ganzen Zeit wurde in keiner einzigen langfristigen Planung davon gesprochen, man benötige neue Geniepanzer. Kaum hat eine Tochterfirma der RUAG jetzt in Zusammenarbeit mit einem deutschen Partner so einen entwickelt, braucht man ihn unbedingt. Da kann ich nur sagen: Entweder hat man jahrelang falsch geplant oder man versucht einfach, einer Tochterfirma der RUAG Aufträge zuzuschanzen. Ich könnte unzählige solche Beispiele nennen, das ist nur ein aktuelles und besonders schwerwiegendes. Grundsätzlich hätte ich Verständnis dafür, wenn man sich in Zeiten voller Kassen so verhielte. Aber wir haben jetzt keine vollen Kassen! Ausserdem hat der Staat in der Vergangenheit anderorts nicht auf diese Weise eingegriffen, um Arbeitsplätze zu erhalten. In der Uhrenbranche gab es zum Beispiel sehr schmerzhafte Restrukturierungen, da kam auch niemand auf die Idee, jedem Rekruten beim Einrücken eine Armbanduhr zu geben und diese aus

dem Rüstungsbudget zu finanzieren. Man fand sich damit ab, dass für die Uhrenbranche neue Zeiten angebrochen waren. Wenn jemand am Markt vorbei produziert, ist es doch nicht Sache von Bund oder Armee, ihn mit Aufträgen am Leben zu erhalten. Und die RUAG kauft als bundeseigener Konzern erst noch ständig neue Beteiligungen im Ausland ein. Für mich kann es niemals Aufgabe eines Bundesbetriebes sein, im Ausland Rüstungsgüter zu produzieren!

Es wird oft das Argument angeführt, man benötige die nationalen Rüstungskonzerne, um im Kriegsfall unabhängig zu sein und das technische Know-How im Land zu erhalten …
Das sind wilde Begründungen, die nur auf politischer Ebene greifen, sicher nicht auf militärischer. Die Mehrheit der Parlamentarier hat erkannt, dass sich die Sicherheitslage verändert hat, aber wenn es um Strukturerhaltung geht, verharren viele in den Denkmustern des letzten Krieges. Es wird keine jahrelangen Kriege mehr geben, in denen wir auf waffentechnische Selbstversorgung angewiesen sein werden! Kriege dauern heute nur noch ein paar Tage, meinetwegen ein paar Wochen, in dieser Zeit muss man kein neues Material produzieren, sondern es höchstens unterhalten. Kommt dazu, dass wir in der Schweiz ohnehin kein Unternehmen mehr haben, das für ein Gesamtsystem die Verantwortung übernehmen kann.

Warum, glauben Sie, wird denn das Militär zur Strukturerhaltung missbraucht?
Weil sich der Bund als Arbeitgeber nach Ansicht der Parlamentsmehrheit nach wie vor nicht wie ein Betrieb der Privatwirtschaft verhalten soll. Man sagt immer: Der Bund muss ein sozialer Arbeitgeber sein. Das stimmt, der Bund hat

in der Vergangenheit ja auch immer wieder seine soziale Ader gezeigt. Das Problem ist aber, dass sich der Bund solches Verhalten heute nicht mehr leisten kann. Früher konnten viele Regionen vom Bund und vom Militär profitieren, aber heute dürfen überflüssige Arbeitsplätze nicht mehr durch Subvention erhalten werden. Sonst belastet man die Arbeitnehmerinnen und Arbeitnehmer in der Privatwirtschaft, die über Steuern und andere Abgaben diese Politiker-Fehlentscheide bezahlen und bezüglich Arbeitsplatzsicherheit vielfach grossen Risiken ausgesetzt sind.

Warum verhält sich die Politik hier nicht sachbezogener?
Man getraut sich einfach nicht, den Leuten die Wahrheit zu sagen. Und die Wahrheit ist: Der Staat lebt über seine Verhältnisse! Die Politiker sind nicht in der Lage, ihre Versprechungen einzuhalten, ohne neue Schulden anzuhäufen. Wenn ein Politiker im Berner Oberland erzählt, er werde dafür sorgen, dass die Arbeitsplätze in der Thuner Rüstungsindustrie erhalten bleiben, sind das langfristig nur leere Versprechungen. Es ist doch verrückt: Wir lassen unsere Munition in Thun herstellen, obwohl wir sie auf dem Weltmarkt für ein Drittel, maximal für die Hälfte der Kosten einkaufen könnten!

Wäre die Munition auch günstiger, wenn man die Folgekosten berücksichtigte, die bei einer Schliessung der entsprechenden Rüstungsbetriebe anfielen – etwa die hohen Sozialkosten?
Da stellt sich für mich die Frage, welches die Aufgabe der Armee ist. Wenn sie nur noch die zu teuren und überflüssigen Arbeitsplätze erhalten soll, dann stimme ich das nächste Mal für die Abschaffung der Armee! Die Armee hat doch nicht die Aufgabe, die Strukturen zu erhalten. Sie muss die Aufgaben

wahrnehmen, die ihr im Rahmen der Bundesverfassung übertragen sind. Keine anderen! Wenn durch Entlassungen in der Rüstungsindustrie tatsächlich höhere Folgekosten entstehen und man dies verhindern will, so müssen diese über das Budget für Soziales des Departements des Innern finanziert werden!

Wie könnte das Militär seinen Aufgaben günstiger nachkommen?
Man muss aufhören, über Detailbeschaffungen zu diskutieren. Man muss festlegen, welche finanziellen Mittel die Armee braucht, um die von der Politik vorgegebenen Aufgaben zu erfüllen. Das Parlament soll Globalkredite genehmigen – und dann der Armee überlassen, was sie in welcher Priorität beschaffen will und was nicht. Das Parlament soll anschliessend ein sauberes Controlling durchführen oder durchführen lassen, ansonsten aber keinen Einfluss mehr nehmen. Die Militärs würden von sich aus sicher keine Strukturerhaltung betreiben. Weiter muss sich der Bund sofort von sämtlichen Rüstungsunternehmen, an denen er beteiligt ist, trennen. Die Bereiche der Unternehmen, welche die Armee wirklich noch benötigt, sollen in das VBS integriert, der Rest verkauft werden. Wir brauchen keine bundeseigenen Rüstungsbetriebe! In transparenten Verfahren, am besten nach WTO-Richtlinien, können die verschiedenen Anbieter dann nach einer Ausschreibung offerieren.

Wie kann ein so radikaler Kurswechsel durchgesetzt werden?
Nur, wenn der Druck von aussen kommt und die Wähler sagen: Wenn ihr nicht dafür sorgt, dass diese Geldverschleuderung aufhört, dann wählen wir euch nicht mehr. Im Parlament fehlt noch immer die innere Bereitschaft, wirklich etwas zu verändern. Aufgrund der politischen Zusammen-

setzung gibt es eine sehr grosse Anhäufung von Partikular-
interessen. Der Vertreter der Innerschweiz sieht sich eben in
erster Linie als Vertreter der Innerschweiz, nicht als solcher
der Eidgenossenschaft. Es kann sich nichts ändern, wenn alle
nur an ihren Eigeninteressen hängen – oder es wird sich erst
dann etwas ändern, wenn man kein Geld mehr zu verteilen
hat.

Sie gehen mit den Parlamentariern hart ins Gericht – die Beschaf-
fung des Geniepanzers, den Sie eingangs erwähnten, wird aber von
Korpskommandant Keckeis persönlich unterstützt.
Er ist eben durch und durch Offizier. Wenn seine vorgesetzte,
politische Stelle sich für etwas entschieden hat, dann vertritt
er deren Haltung. Ich kann Ihnen garantieren, hätte er ein
Globalbudget, wäre Herr Keckeis nie auf die Idee gekommen, einen Geniepanzer einzukaufen!

4. Bitter nötig: Eine Therapie für unser Gesundheitswesen

Das Schweizer Gesundheitswesen gehört zu den teuersten der Welt – das System verhindert Wettbewerb – wir müssen die Kosten bei Spitälern, Ärzten und Medikamenten radikal hinunterfahren – die Therapie für unser Gesundheitswesen wird allen weh tun, aber von «Zweiklassenmedizin» kann keine Rede sein.

In diesem Frühling wurde der Genfer Dr. Jacques de Haller zum Präsidenten der Ärztevereinigung FMH gewählt. In seinen Antrittsinterviews verkündete er: «Über die freie Arztwahl diskutieren wir nicht einmal.» Auch in Zukunft soll laut de Haller also jede Krankenkasse gezwungen werden, mit jedem Arzt zusammenzuarbeiten – unabhängig davon, was er qualitativ oder wirtschaftlich leistet.

So geht es natürlich nicht. Angesichts der angespannten Situation im Gesundheitswesen darf es keine Tabus geben. Jede Möglichkeit der Kostenreduktion muss von allen Seiten offen und ehrlich diskutiert werden. Ich empfinde es als schlichtweg arrogant, wenn Leistungserbringer, deren Leistungen wesentlich durch Zwangsabgaben wie Kranken- und Unfallversicherungsprämien sowie durch Steuern finanziert werden, jede Diskussion von vorherein abwürgen. So kann es keine Lösungen geben.

Natürlich hat der neue FMH-Präsident Grund für sein wenig diplomatisches Verhalten: Er will seiner Klientel, den Ärzten, die Pfründen sichern. Niemand gibt gerne etwas ab.

Doch genau dieses Verhalten hat uns im Gesundheitswesen dorthin geführt, wo wir heute stehen. Weil jeder nur auf seinen eigenen Vorteil bedacht ist und andere die Rechnung begleichen lässt, geben wir in der Schweiz mittlerweile 46 Milliarden Franken für das Gesundheitswesen aus – Jahr für Jahr! Nirgends in Europa liegen die Pro-Kopf-Ausgaben kaufkraftbereinigt so hoch wie bei uns. Der prozentuale Anteil des Gesundheitswesens am Bruttoinlandprodukt ist europaweit nur in Deutschland vergleichbar hoch. Und Besserung ist nicht in Sicht: In den letzten Jahren sind die Ausgaben für das Gesundheitswesen weit stärker gestiegen als Löhne und Preise. Die Finanzierung des Gesundheitswesens ist für eine mittelständische Familie in der Schweiz inzwischen zu einem der grössten Ausgabenbrocken geworden.

Niemand will sparen – also her mit den Anreizen!

Die Crux beim Gesundheitswesen ist systembedingt: Der Markt spielt nicht. Lassen Sie mich unser Gesundheitssystem einmal auf einen anderen Bereich übertragen, um seine Schwäche aufzuzeigen. Stellen wir uns vor, es gäbe eine Bäckerkasse. Sie als Konsument müssten dieser Kasse obligatorisch jeden Monat 30 Franken überweisen. Dafür hätten Sie das Recht, bei jedem Bäcker so viel Brot zu beziehen, wie Sie möchten.

Der Bäcker seinerseits könnte der Bäckerkasse die Ihnen ausgehändigten Brote in Rechnung stellen. Er würde Ihnen natürlich so viele Brote wie nur möglich verkaufen wollen, vor allem auch die teuren. Sie sähen nur wenig Anlass, seine tollen Angebote auszuschlagen, schliesslich hätten Sie ja ein Anrecht auf so viele und so teure Brote, wie Sie möchten. Selbstverständlich würde die Monatsrate für die Bäckerkasse bald auf 50 Franken steigen – was Sie dazu animiert, noch mehr für Ihr Geld zu fordern.

Sie mögen jetzt denken: Ein solches System kann es nicht geben. Irrtum! Natürlich ist das Beispiel etwas überspitzt, doch unser Gesundheitswesen funktioniert prinzipiell nach diesem Muster. Sie bezahlen obligatorische Krankenkassenprämien und haben dafür das Anrecht auf medizinische Leistungen. Es gibt zwar einige finanzielle Anreize, die sparsames Verhalten belohnen, aber alles in allem finden die meisten Menschen: Wenn wir schon so viel für die Prämien ausgeben, möchten wir im Falle des Falles auch nur das Beste bekommen. Also, um beim Beispiel zu bleiben, möglichst viel vom teuren Brot nach Hause tragen.

Auf der anderen Seite stehen nicht Bäcker, sondern Ärzte, Apotheker und Spitäler, die möglichst hohe Umsätze erzielen wollen. Verkaufen sie zum Besipiel günstige Medikamente, verdienen sie oft weniger. Raten sie einem Patienten von einer Therapie ab, dann haben sie unter Umständen überhaupt nichts davon.

Sie sehen also: Weder die Leistungsempfänger – die Patienten –, noch die Leistungserbringer – wie Ärzte und Spitäler – sind in unserem System ernsthaft daran interessiert, Kosten zu sparen und etwas gegen die ständige Verteuerung des Gesundheitswesens zu tun. Zwar geht jährlich ein Aufschrei durch die Medien, wenn die Krankenkassen ihre neusten, fast immer begründbaren Prämienerhöhungen bekannt geben. Aber das führt nicht zur Umkehr, im Gegenteil: Wenn die Prämien steigen, haben wir als Leistungsempfänger erst recht das Gefühl, auch hohe Ansprüche geltend machen zu können. Aus der Sicht des Einzelnen betrachtet, mag dies kurzfristig nachvollziehbar sein. Doch für das Gesamtsystem ist diese Verhaltensweise von vielen Einzelnen eine Katastrophe.

Keine Zweiklassenmedizin – aber jeder muss zurückschrauben

Das Gesundheitswesen ist ein sehr gutes Beispiel für meine These, dass wir nur weiter kommen, wenn alle da und dort auf etwas verzichten, wenn alle bereit sind, ein wenig zurückzustehen. Ich glaube, wir kommen aus der verworrenen Situation nur dann heraus, wenn wir alle Beteiligten – und das sind im Gesundheitswesen nun wirklich alle Einwohnerinnen und Einwohner der Schweiz – dazu bringen, ihre Ansprüche zurückzuschrauben. Es reicht nicht, hier und da ein bisschen am System herumzuschrauben: Es braucht radikale Schnitte.

Leider ist es im Gesundheitswesen aber sehr schwierig, Änderungen durchzubringen. Das haben wir im Parlament erfahren, als die zweite Revision des Krankenversicherungsgesetzes (KVG) trotz vieler guter Ideen bachab ging. Gesundheit ist naturgemäss ein hochemotionales Thema. Hier sind die Ängste besonders gross. Der Begriff «Zweiklassenmedizin» ist zum Beispiel immer schnell zur Hand, wenn man über Kürzungen des Leistungskatalogs in der Grundversicherung diskutiert. Hinter diesem Begriff steckt in der Regel die Befürchtung, man werde im Krankheitsfall weniger gut betreut als andere Patienten, die mehr Geld haben. Es wäre tatsächlich nicht zu vertreten, wenn die medizinische Grundversorgung nicht für alle gleich gut wäre. Die Frage ist aber, was zur medizinischen Grundversorgung gehört. Verena Diener, die grüne Zürcher Regierungsrätin und Gesundheitsdirektorin, hat kürzlich in einem Interview darauf hingewiesen, dass auch nicht jeder seine Ferien in einem Fünf-Stern-Hotel verbringe – so sei es nicht realistisch zu verlangen, dass die Allgemeinheit jedem Patienten Luxus-Betreuung finanziere. Es fährt ja auch nicht jeder das gleiche Auto, nicht jeder bewohnt eine Villa.

Ich meine, bei der medizinischen Betreuung sollten keine Unterschiede gemacht werden. Doch wenn wir alle davon ausgehen, in jedem Fall sei nur das Beste gut genug und die Allgemeinheit habe für alle Kosten aufzukommen, dann nähern wir uns dem Kollaps schneller, als wir uns das vorstellen. Ein System kippt schnell, wenn man Warnzeichen missachtet.

Ich will nicht, dass unser System kippt. Nur einen Tag nach der Ablehnung der zweiten KVG-Revision suchte ich im Nationalrat in allen Parteien nach Brückenbauern; es gelang mir, Vertreter von SP, CVP, FDP und SVP an einen Tisch zu bringen und mit ihnen – und zusätzlichen Spezialisten – eine Reform des Gesundheitswesens zu diskutieren. Das daraus resultierende Strategiepapier stellt einen brauchbaren Konsens aller wichtigen politischen Kräfte der Schweiz dar; wir leiteten dieses an das Departement des Innern weiter. Einige unserer Vorschläge sind darauf in die Vernehmlassung über Änderungen im Gesundheitswesen eingeflossen. Die kleine Episode zeigt: Es ist noch immer möglich, in der Schweiz parteiübergreifende Sachpolitik zu betreiben, wenn der dafür nötige Wille vorhanden ist.

Was also ist zu tun, damit unser Gesundheitswesen langfristig überlebt? Wollen wir das Kostenwachstum nachhaltig eindämmen, müssen wir uns intensiv mit den grossen grossen Kostenblöcken des Gesundheitswesens auseinandersetzen: den Spitälern, der frei praktizierenden Ärzteschaft und den Medikamenten. Und wir müssen auch die Patienten stärker in die Verantwortung einbeziehen.

Spitäler – landesweit geplant

«40 Spitäler mit je 500 Betten sind genug für die Schweiz.» Dieses Zitat stammt nicht von einem rechten Polit-Hardliner, der Effizienzsteigerung über soziale Verträglichkeit stellt, sondern vom früheren SP-Präsidenten Peter Bodenmann. Die Spitallandschaft in der Schweiz ist föderalistisch strukturiert: Jeder Kanton verantwortet seine Spitäler selber. «Kantönligeist» führt zu teilweise grotesken Ballungen von Spitälern, die wir uns schlichtweg nicht mehr leisten können. Hier benötigen wir einen radikalen Systemwechsel: Die Spital-Planung muss so schnell wie möglich vom Bund übernommen werden. Ich weiss nicht, ob die von Bodenmann vorgeschlagene Anzahl Spitäler richtig ist – Fachleute gehen aber davon aus, bei den Spitälern sei bis zu einem Drittel Überkapazität vorhanden. Wenn es uns gelingt, diese wegzustreichen, können wir mindestens 1,5 Milliarden Franken sparen, ohne dass es für die Patienten zu spürbaren Leistungseinbussen kommt. Die Verteilung der Spitalbetten muss nach anderen Kriterien erfolgen als nach Kantonsgrenzen. Der Bund sollte seine Spitalplanung nach den Bedürfnissen der Bewohner des Landes festlegen; es darf kein einziges Spital in der Schweiz mehr geben, als unbedingt benötigt wird.

Das bedeutet, vor allem kleinere Spitäler, die unterhalb einer wirtschaftlich und qualitativ sinnvollen Grösse operieren, sollten verschwinden. Das Volk wird diese Veränderung mittragen müssen; es geht nicht an, dass alle dauernd vom Sparen reden und jeden entsprechenden Vorstoss dann doch mit Referenden oder Protesten bekämpfen. Wir können uns nicht ständig Ausnahmen vom Vernünftigen leisten, nur weil wir bestimmte Regionen, bestimmte Gruppen, bestimmte Wählerschichten schonen wollen.

Eine landesweite Spitalplanung hätte auch den Vorteil, den Aufbau von Spezialabteilungen und den Einsatz teurer Grossgeräte sinnvoller koordinieren zu können. Weil heute jedes Spital davon profitiert, wenn es teure Leistungen verkauft, steht viel zu viel teures Gerät herum, das auf Teufel komm raus genutzt werden muss.

Ein nationales System könnte die Effizienz deutlich erhöhen. Der Bund würde zum Beispiel die Anzahl und die Standorte der Transplantationszentren bestimmen. Und er müsste auch die medizinische Ausbildung koordinieren. Heute gibt es in der Schweiz fünf Universitätsspitäler mit medizinischen Fakultäten. Für ein Land unserer Grösse würden dei allemal reichen. Ich plädiere für eine baldige Reduktion auf diese Anzahl – ohne dass in den verbleibenden Universitäten die Zahl der Studienplätze erhöht würde. Dadurch liesse sich auch die Ärzteschwemme eindämmen. Die durch die Reduktion des Angebots frei gewordenen Gelder können zumindest teilweise auf die verbleibenden Universitäten aufgeteilt werden – damit liesse sich die Qualität der Ausbildung anheben, die im internationalen Vergleich ja auch nicht ganz so gut abschneidet, wie wir uns das wünschen.

Wie bleiben Ärzte gut und günstig?

Auch wenn es Jacques de Haller, der eingangs erwähnte FMH-Präsident, nicht gerne hört – die Ärzte werden sich auf härtere Zeiten einstellen müssen. Für mich ist es keine Frage: Der Vertragszwang muss weg! Es geht nicht, dass sich eine ganze Branche jeglichem Wettbewerb entzieht. Jede Krankenkasse soll in Zukunft selber sagen können, mit welchen

Ärzten sie zusammen arbeiten will. Die Patienten sollen entscheiden, welcher Krankenkasse – und damit auch: welchem Ärztenetzwerk – sie sich anschliessen wollen. So entsteht echter Wettbewerb zwischen Ärzten und Kassen. Die Ärzte werden sich bemühen, möglichst günstig zu arbeiten, um für möglichst viele Kassen interessant zu sein – die Krankenkassen werden aber auch versuchen, möglichst gute Ärzte unter ihr Dach zu bekommen, weil sie den anderen Kassen gegenüber sonst nicht konkurrenzfähig sind. So werden Qualität und Wirtschaftlichkeit gefördert; es herrscht ein echter Anreiz für Ärzte und Krankenkassen, gut und günstig zu arbeiten.

Es ist anzunehmen, dass sich viele Ärzte bei einem Systemwechsel zu den viel diskutierten Managed-Care-Netzwerken zusammenschliessen; ausserdem könnte ein Systemwechsel auch HMO und ähnliche Innovationen fördern. Wie gesagt: Gute Medizin soll nicht den Gutverdienenden vorbehalten bleiben. Aber gute Medizin soll günstiger werden.

Natürlich muss in naher Zukunft auch der Vertragszwang zwischen Krankenkassen und Spitälern fallen. Auch hier wird gelten: Die Krankenkassen müssen wählen können, mit welchen Leistungserbringern sie zusammen arbeiten wollen.

Zum Abschluss von Verträgen gehört auch, dass Leistungen vereinbart werden und dafür ein Preis bezahlt wird. Heute werden einfach Kosten vergütet – somit hat kein Spital grosses Interesse daran, seine Kosten zu reduzieren, denn dann würde es ja vom Krankenversicherer oder vom Staat weniger Geld bekommen. Die im Rahmen der abgelehnten zweiten KVG-Teilrevision vorgeschlagene und weitgehend unbestrittene neue Spitalfinanzierung sollte daher so schnell wie möglich verabschiedet und umgesetzt werden.

Günstige Medikamente für die Menschen und nicht für den Mülleimer

Ärzte und Apotheker haben im heutigen System keinen Anreiz, möglichst günstige Medikamente abzugeben, denn sie verdienen daran weniger. Patienten profitieren ebenfalls kaum von kostenbewusstem Verhalten und nehmen darum in der Regel gerne das teuerste Präparat – in der Hoffnung, teurer bedeute auch in jedem Fall besser. So treiben Apotheker und Patienten gemeinsam die Gesundheitskosten in die Höhe.

Hier ist der Gesetzgeber gefordert. Er muss Ärzte, Spitäler und Apotheken dazu verpflichten, das jeweils günstigste Präparat abzugeben, sofern das behandlungstechnisch möglich ist. Sprich: Die Krankenkassen sollten wenn immer möglich nur noch Generika finanzieren. Wer trotz Alternativen ein teureres Präparat haben will, muss dafür eben selber in die Tasche greifen – entschädigt wird nur der Mindestbetrag. Experten sehen hier ein Kostensenkungspotential von rund 250 Millionen Franken.

Bei Medikamenten können auch Kosten gespart werden durch die Abgabe therapiegerechter Mengen. Viele Medikamente werden heute in viel zu grossen Packungen angeboten. Selbst wenn sie die Patienten wie vorgeschrieben nutzen, bleiben Restbestände zurück, welche die Krankenversicherer überflüssigerweise finanziert haben. Schätzungen zufolge werden jährlich kassenpflichtige Medikamente im Wert von etwa 250 Millionen Franken weggeworfen. Kleinere Packungen tragen dazu bei, dass weniger teure Medikamente im Müll landen. Ich gehe davon aus, dass der Medikamentenabfall durch gezielte Massnahmen um mindestens 20 Prozent reduziert werden kann – das entspricht rund 50 Millionen Franken. Es muss jedoch sicher gestellt werden, dass aufgrund neuer Packungsgrössen keine Preiserhöhungen pro Einheit erfolgen.

Ich möchte an dieser Stelle aber auch eine Lanze für die Pharmaindustrie brechen: Es geht nicht an, dass man Massnahmen ergreift, die ihre Einkommensstrukturen nachhaltig schädigen. Die Entwicklung neuer Medikamente geht heute in die Milliarden. Wie ich in Kapitel 2 dargelegt habe, müssen wir alles in unserer Macht Stehende tun, um die Forschung auch dieser Branche in der Schweiz zu behalten. Pharmafirmen sollen die Möglichkeit haben, mit neuen, innovativen Medikamenten gutes Geld zu verdienen, sonst werden sie auf lange Sicht nicht mehr dazu bereit sein, teure Forschung zu betreiben. Aber sie sollen eben nur von innovativen Medikamenten profitieren können, Scheininnovationen verdienen keinen Schutz. Im Gegenteil, sie sollen von Anfang an durch Generika ersetzt werden können, damit echte Innovationen geschützt und die Spreu vom Weizen getrennt werden kann. Durch Zwangsabgaben finanzierte Krankenversicherer sind nicht dazu da, überhöhte Preise für Produkte mit bescheidenem oder gar keinem Zusatznutzen zu finanzieren – dies gilt nicht nur, aber auch für die Pharmaindustrie. Diese hat auch eine klare gesellschaftliche Verantwortung. Die Kosten allein rechtfertigen es nicht, gegen Parallelimporte zu sein. Ich verlange von der Pharmaindustrie, dass sie für innovative Lösungen Hand bietet. Die Preise für Medikamente in der Schweiz dürfen nicht wesentlich höher sein als in Deutschland!

Patienten: Senkt eure Prämien durch mehr Selbstbehalt!

Wenn wir von Kostenreduktionen im Gesundheitswesen sprechen, können wir die Patienten natürlich nicht auslassen. Heute übernehmen diese nach Überschreiten der Jahresfranchise – und vor dem Erreichen eines Maximalbetrags – in der Regel 10 Prozent der von ihnen ausgelösten Kosten für Arztbesuche, Spitalaufenthalte, Medikamente und so weiter. Dieser Betrag ist gering; er entlastet die Budgets der Familien, die bereits durch die Krankenkassen-Prämien stark beansprucht werden. Allerdings ist ein so kleiner Selbstbehalt kaum spürbar; er wird wohl niemanden dazu bewegen, sich bei einem Bagatellfall den Arztbesuch zweimal zu überlegen. Wer sich nur mit ein paar Franken an der eigenen Therapie beteiligen muss, gibt sich nicht unbedingt mit dem Nötigen zufrieden.

Wir müssen deshalb eine sozialverträgliche Lösung finden, die eine höhere Kostenbeteiligung der Patienten ermöglicht. Nur Patienten, welche zu einem spürbaren Teil für die von ihnen verursachten Kosten aufkommen müssen, sind am Sparen interessiert. Eine Möglichkeit wäre es, den Selbstbehalt zu erhöhen – zum Beispiel auf 20 Prozent. Gleichzeitig muss ein Maximalbetrag festgelegt werden, mit dem sich ein Patient an den Kosten beteiligen soll, denn die Mehrheit der Bevölkerung ist wohl kaum in der Lage, auch bei schwierigen Operationen für ein Fünftel der Kosten aufzukommen. Es geht nicht darum, jemandem zum Beispiel aus finanziellen Gründen eine Herztransplantation zu verweigern; mit der Erhöhung des Selbstbehaltes soll aber jeder Einzelne animiert werden, auch ein bisschen als Unternehmer in eigener

Sache zu agieren und sich zum Beispiel nach günstigen Therapien umzusehen.

Den Patienten sollen in Zukunft auch mehr Möglichkeiten eingeräumt werden, ihre Prämien zu senken – zum Beispiel, wenn sie gewisse Einschränkungen bei der freien Arztwahl in Kauf nehmen oder wenn immer möglich nur noch Generika über die Krankenkasse abrechnen. So oder so werden wir langfristig nicht umhin kommen, den Leistungskatalog der Grundversicherung zu straffen. Natürlich sind Massnahmen zur Gesundheistsförderung begrüssenswert, aber es ist wirklich nicht einzusehen, dass sie über Krankenkassen finanziert werden. Grundsätzlich zu prüfen ist auch der Einsatz von Komplementärmedizin; ich möchte nicht sagen, die Schulmedizin sei mehr wert als die Alternativmedizin, doch die Patienten sollen sich für das eine oder andere entscheiden und nicht gleich auf beiden Hochzeiten tanzen.

Ähnlich könnte es bei der Medikamentenabgabe sein. Wir leisten uns als eins der wenigen europäischen Länder zwei Absatzkanäle. Der Versicherte soll sich entscheiden, ob er die Medikamente über die Apotheke oder direkt beim Arzt beziehen will. Dies dürfte zwar nicht zum Verschwinden des einen oder anderen Kanals, aber immerhin zu einer Strukturbereinigung in beiden Kanälen führen.

Generell fordere ich, dass ein Instrument geschaffen wird, mit welchem sich der Leistungskatalog in der Grundversicherung regelmässig und unkompliziert überprüfen lässt. Nur mit all diesen Massnahmen, die teilweise sicher schmerzhaft sind, lässt sich meines Erachtens das Gesundheitswesen der Schweiz auf lange Sicht erhalten.

Hier noch einmal kurz zusammengefasst meine fünf wichtigsten Forderungen im Bereich Gesundheitswesen:

1. Bundesweite Spitalplanung (inklusive bundesweiter Koordination medizinischer Ausbildung und Gerätschaften)
2. Aufhebung des Vertragszwangs
3. Zwang zur Abgabe von Generika und therapiegerechter Medikamenten-Mengen
4. Erhöhung des Selbstbehaltes auf mindestens 20 Prozent bis zu einer Maximalgrenze
5. Konsequente Überprüfung des Leistungskatalogs in der obligatorischen Grundversicherung

Ich setze mich dafür ein, dass diese Ziele bis 2007 erreicht sind!

Mut zur Vernunft

Von Dr. oec. Willy Oggier, Gesundheitsökonom

Das schweizerische Gesundheitswesen gehört seit Jahren zu den grössten Sorgen der schweizerischen Bevölkerung. Im Rahmen der jährlich stattfindenden Erhebung «Gesundheitsmonitor» gaben bei der letzten Befragung 29 Prozent an, sie hätten mit den Prämienausgaben ein dauerhaftes Problem. 20 Prozent sprachen von einem gelegentlichen Problem. Im Jahr 1997 lagen die entsprechenden Werte noch bei 20 und 15 Prozent.

Die Zahlen machen deutlich: Die Finanzierung des schweizerischen Gesundheitswesens ist heute nicht mehr einfach ein Problem, das mit ein paar Subventionen für sozial Schwache gelöst werden kann. Weite Teile des Mittelstands sind davon betroffen. Gleichzeitig deuten verschiedene international erhobene Daten darauf hin, dass das schweizerische Gesundheitssystem im Verhältnis zu den hohen Kosten eher mittelmässige Resultate produziert. Es besteht ein strukturelles Problem.

Die Erfahrungen erfolgreicherer Länder können uns ein paar Anhaltspunkte für Strukturveränderungen geben. Die Schweiz verfügt beispielsweise im Vergleich mit anderen Industriestaaten über viele, vor allem zu viele kleine Spitäler, was in der Regel zu ökonomischer und qualitativer Ineffizienz führt. Dies ist mindestens teilweise auf unseren ausgeprägten Föderalismus zurückzuführen; im Gesundheitswesen haben viele Kantone grosse Mauern um ihre Grenzen gebaut. Diese Mauern müssen fallen. Weil die Kantone in der Schweiz kaum oder gar nicht in der Lage sein dürften, ihre Mauern abzubauen, muss der Bund diese Aufgabe übernehmen.

Ambulant tätige Leistungserbringer arbeiten in der Schweiz fast in einer geschützten Werkstatt. Haben sie einmal ihre Praxisbewilligung, dann hat der Versicherer zu bezahlen – egal, wie viele Ärzte, Therapeuten oder Pflegende es in dieser Stadt oder in diesem Dorf gibt. Und der Tarif ist in der Regel für die ganze Berufsgruppe gleich. Dies garantiert der Vertragszwang. Die meisten westeuropäischen Länder mit Sozialversicherungssystemen kennen den Vertragszwang nicht.

Ein noch grösserer «Schutzwall» besteht vor den Landesgrenzen. Viele Spitäler sind zwar gerne bereit, ausländische Patienten in der Schweiz zu behandeln, wollen aber unter gar keinen Umständen zulassen, dass die in der Schweiz Grundversicherten das Recht bekommen, sich im Rahmen des Leistungskatalogs im Ausland behandeln zu lassen. Abschottung und Protektionismus haben sich mittel- bis langfristig für einen modernen Industriestaat bzw. eine Dienstleistungsgesellschaft bisher wohl selten oder gar nie als fruchtbar erwiesen. Deshalb sollten auch im Gesundheitswesen die Grenzen fallen. Profitieren könnten davon letztlich alle: Der Patient durch erhöhte Wahlmöglichkeit, der Versicherte durch den zu erwartenden kostendämpfenden Effekt bei gleicher Leistung und langfristig auch der Leistungserbringer, der sich im Wettbewerb behauptet.

Vielleicht lässt sich durch die Öffnung der Grenzen auch die «Fünfer-und-Weggli-Mentalität» vieler Akteure im schweizerischen Gesundheitswesen etwas brechen. In anderen ehemals abgeschotteten und hoch regulierten Branchen wie beispielsweise der Luftfahrt ist durch entsprechenden ausländischen Druck Kostenführerschaft endlich zum Thema geworden.

Die im schweizerischen Gesundheitswesen tätigen Akteure – insbesondere auf der Ärzte- und Pflegeseite – dürften dann auch eher realisieren, dass sie ganz normale Aufgaben erfüllen und sich für sie kein Sonderstatus mehr ableiten lässt. Es gibt nämlich längst viele andere Berufszweige, die auch Abend-, Nacht- oder Wochenendarbeit kennen, bei denen Pikett geleistet und überlebenswichtige Funktionen wahrgenommen werden, bei denen ein abgeschlossenes Studium und womöglich eine Doktorarbeit vorausgesetzt werden und die trotzdem nicht über eine faktische Einkommensgarantie auf Kosten der Solidargemeinschaft verfügen.

Diese Ausführungen sollen deutlich machen, dass wohl auch ein Gesinnungswandel nötig ist, um aus den strukturellen Problemen im schweizerischen Gesundheitswesen herauszukommen. Gerade deswegen ist es verdienstvoll, dass ein erfolgreicher Unternehmer, der weiss, was Kostenführerschaft bedeuten kann, Klartext spricht. Man mag am einen oder anderen Ort vielleicht unterschiedlicher Auffassung sein, eines muss man den Vorschlägen von Otto Ineichen lassen: Sie zeigen, dass Veränderungen nicht eine Frage von totalem Markt oder totalem Staat oder von politisch Linken oder Rechten sind. Es geht schlicht und einfach um Fragen der Vernunft. Wird die Vernunft obsiegen?

Willy Oggier hat an der Hochschule St. Gallen studiert und doktoriert. Seit fast zehn Jahren führt er ein eigenes Beratungsbüro und gehört heute zu den führenden Gesundheitsökonomen der Schweiz.

5. Unsere Sozialpolitik wird zum Sozialfall: Reform tut not!

Die Sozialausgaben explodieren – demographische Ursachen lassen sich kaum beheben – um so wichtiger ist, dass wir unser Geld gezielt einsetzen – Rentenbetrug darf nicht sein!

In fast allen Ländern wachsen die Sozialausgaben – nirgends aber so rasant wie in der Schweiz. 1990 gaben wir für die soziale Sicherheit 56 Milliarden Franken aus, 2001 waren es schon 106 Milliarden. Die Ausgaben für die soziale Sicherheit haben sich also in kürzester Zeit fast verdoppelt. Ein solches «Wachstum» erträgt unser Land auf Dauer nicht.

Hinter der schockierenden Tendenz stecken viele hausgemachte Probleme. Aber nicht nur, es gibt auch Ursachen, auf die wir wenig Einfluss haben. Zum Beispiel die demographische Entwicklung: Jede zweite Frau, die 1920 zur Welt gekommen ist, erreichte im Jahr 2000 den 80. Geburtstag – und noch immer jede vierte wird 90 werden. Bei den Männern liegt die durchschnittliche Lebenserwartung bereits bei 82 Jahren. Gleichzeitig kommen immer weniger Kinder zur Welt. 1960 bekamen Frauen durchschnittlich 2,4 Kinder, heute sind es noch 1,4. Diese Quote reicht bei weitem nicht aus, um eine gleichmässige Altersdurchmischung der Gesellschaft zu sichern. Eine immer grössere Zahl von Rentenbezügern steht einer immer kleineren Zahl von Rentenzahlern gegenüber. Mit dramatischen Folgen: 1960 kamen 4,8 Beitragszahlende auf einen AHV-Rentner, heute sind es noch 3,6.

Wir werden älter –
die AHV braucht mehr Dynamik!

Es ist allen klar, dass wir darauf reagieren müssen. Aber man verschiebt die Lösung des drängenden Problems auf den Sankt-Nimmerleinstag. In diesem Frühjahr schickten die Schweizerinnen und Schweizer die 11. AHV-Revision mit fast 68 Prozent Nein-Stimmen bachab. Verlierer dieser Abstimmung waren nicht die «Sozialabbauer», sondern alle Schweizerinnen und Schweizer, denen das langfristige Überleben der AHV am Herzen liegt. Eine Annahme der 11. AHV-Revision hätte nämlich geschätzte Einsparungen von rund 925 Millionen Franken gebracht. Diese Einsparungen wären durch eine moderate Anpassung der Leistungen erzielt worden: Angleichung des Rentenalters der Frauen an jenes der Männer, Kürzung der Witwenrente um einen Viertel beziehungsweise Streichung der Rente für kinderlose Frauen – und schliesslich ein langsamerer Rhythmus bei der Rentenanpassung.

Da für eine Leistungsanpassung zurzeit im Volk keine Mehrheit zu finden sind, müssen andere Lösungen her. In den Steuersack kann man nicht greifen, denn die Sanierung der Sozialwerke per Erhöhung der Mehrwertsteuer wurde ebenfalls deutlich abgelehnt. Die SVP hat vorgeschlagen, das Nationalbank-Gold für die AHV einzusetzen. Ich bin strikt dagegen, den Erlös aus dem Verkauf des überschüssigen Goldes dafür zu verwenden. Dieses Geld gehört den Kantonen, sie brauchen es zur Erfüllung ihrer vielfältigen Aufgaben!

Ebenso lehne ich die Verwendung der ordentlichen Nationalbankgewinne für die AHV ab. Diese fallen nämlich nur unregelmässig an und können daher nicht zur langfristigen, stabilen Finanzierung einer Sozialversicherung herangezogen werden können.

Weniger Schwarzarbeit – sichere AHV!

Was bleibt uns also noch, um die AHV zu bezahlen? Mein Vorschlag wird Sie vielleicht überraschen: die Schwarzarbeit! Ich habe schon weiter vorn ausgeführt, wie bedeutend die Schwarzarbeit heute ist – man geht davon aus, dass rund zehn Prozent aller Einkünfte in der Schweiz schwarz erwirtschaftet werden. Wenn es uns gelingt, diese Geldflüsse aus ihrem Schattendasein herauszuholen und korrekt abzurechnen, ist die Sanierung der AHV auf gutem Weg.

Der Kampf gegen die Schwarzarbeit wird aber leider nicht alle Probleme lösen. Es braucht darum von allen kleine Opfer! So müssen wir zum Beispiel die Lebensarbeitszeit verlängern. Hier ist Flexibilität auf beiden Seiten gefragt. Die Leistungsfähigkeit nimmt mit zunehmendem Alter ab; trotzdem besteht überhaupt kein Grund, ältere Personen aus dem Erwerbsprozess auszuschliessen. Die Arbeitgeber müssen auch Stellenbewerber einstellen, die älter sind als 60 Jahre, und ihnen entsprechende Arbeiten zuteilen. Im Gegenzug müssen alle, die nicht mehr ganz so leistungsfähig sind, gewisse Abstriche beim Lohn in Kauf nehmen. So kann man Menschen länger im Arbeitsleben behalten. Mit doppelt positiven Folgen für die AHV: Zum einen bezahlen ältere Erwerbstätige AHV-Beiträge, zum anderen senken sie durch ihre Weiterarbeit über das Pensionierungsalter hinaus den Gesamtbetrag der ausbezahlten Renten.

Frühpensionierung als Steuerfresserin

Der Bund muss diesbezüglich eine Vorreiterrolle übernehmen. Frühpensionierungen der Bundesangestellten auf Kosten der Steuerzahler können nicht länger hingenommen werden! Ich sehe nicht ein, warum Bundesbeamte bei der Pensionierung besser gestellt werden sollten als Angestellte der Privatwirtschaft. Beamte erhalten bereits mit 62 die volle Rente, wenn sie 40 Jahre lang Beiträge an die berufliche Vorsorge geleistet oder sich entsprechend eingekauft haben. Zusätzlich können die Frühpensionäre eine Überbrückungsrente von maximal 25 000 Franken jährlich beanspruchen, bis sie die AHV-Rente erhalten. Die Rückzahlung dieser Überbrückung ist äusserst generös geregelt, muss doch lediglich die Hälfte des Geldes zurückerstattet werden; die andere Hälfte trägt der Bund! Es erstaunt nicht, dass diese attraktiven Bedingungen grossen Anklang finden. Das Durchschnittsalter der Frühpensionierten liegt mittlerweile bei 61,1 Jahren.

Geradezu fahrlässig verhält sich in Zeiten rasant steigender Sozialkosten der Schweizerische Gewerkschaftsbund (SGB). Er propagiert lauthals «Reformen», welche die Kostensteigerung noch mehr beschleunigen! Nach wie vor verkauft SBG-Präsident Paul Rechsteiner die Flexibilisierung des Rentenalters als Fortschritt. Der Zeitpunkt der Pensionierung soll zwischen 62 und 65 frei gewählt werden können – bei voller Rente. Da frage ich mich: In welcher Traumwelt lebt der SBG eigentlich? Wer soll diese Flexibilisierung bezahlen? Der SBG will aber nicht nur eine Flexibilisierung des Rentenalters, sondern fordert zusätzlich noch die Einführung einer 13. AHV-Rente, analog zum 13. Monatslohn – die

Kosten gingen in die Milliarden! Wer soll das bezahlen? Mit derart unrealistischen und überzogenen Forderungen manövriert sich der SBG ins Abseits. Ich erwarte von den Sozialpartnern ein Minimum an Seriosität und Realitätssinn.

Sozialhilfe: Arbeit muss attraktiver sein als der Gang zur Fürsorge

In der Schweiz leben immer mehr Menschen von der Sozialhilfe. Noch nie hat die Zahl der Sozialfälle so drastisch zugenommen wie im letzten Jahr, vor allem in den Städten. Basel, Winterthur oder Zürich verzeichneten Steigerungen von mehr als 15 Prozent. Sicher trägt die wirtschaftliche Lage zu diesem Missstand bei. Mindestens ebenso verantwortlich für die massiv steigenden Fallzahlen ist aber ein anderer Grund: Die Leistungen der Sozialhilfe sind viel zu grosszügig, vermutlich die höchsten der Welt! In Zürich beispielsweise bezieht eine Familie mit drei Kindern Sozialhilfe in der Höhe von bis zu 5200 Franken – steuerfrei, wohlgemerkt. Das ist mehr, als viele Arbeiter verdienen. Welchen Anreiz, sich um eine Stelle zu bemühen, soll jemand da noch haben?

Die Stadt Zürich hat ein «Chancenmodell» entwickelt, mit dem sie einen Anreiz zur Arbeit schaffen will, und dafür einen Freibetrag von 600 Franken festgelegt. Der Freibetrag ist jener Anteil an einem Verdienst, der nicht zur Kürzung der Sozialhilfebeiträge führt. Das Chancenmodell bedeutet nichts anderes, als dass sich in Zürich jeder Familienvater mit drei Kindern seinen Lohn vom Sozialamt auf 5800 Franken aufrunden lassen kann. Laut Statistik verdienen Erwerbstätige im Kanton Zürich im Schnitt 5700 Franken. Sozialhilfe wird also erst gekürzt, wenn man mehr verdient als der Durchschnitt!

Wenn es um Sozialhilfe geht, liest man in den Medien meistens nur die halbe Wahrheit. Zitiert werden oft nur die Zahlen des so genannten Grundbedarfes. Dieser beträgt für einen Einpersonenhaushalt je nach Kanton etwa 1000 Franken. Verschwiegen wird in diesem Zusammenhang aber meist, dass die Sozialhilfe zusätzlich zum Grundbedarf Wohnungsmiete und Krankenkassenprämien übernimmt. Zudem sind Bezüge der Sozialhilfe steuerfrei. Ein Zweipersonenhaushalt kommt so auf ein monatliches Einkommen von mehr als 4000 Franken.

Die Sozialwerke platzen aus allen Nähten. Heute muss die arbeitende Bevölkerung in der Schweiz durch Lohnprozente oder Steuergelder Hunderttausende von Menschen unterstützen, die nicht vom eigenen Verdienst leben, sondern ihr Geld von einem Sozialwerk beziehen, von der Arbeitslosenversicherung, der IV oder der Sozialhilfe. Immer mehr Menschen leben in der Schweiz auf Kosten anderer.

Invalidenversicherung: Das teure Rätsel

Allein die Invalidenversicherung kostet uns heute 10 Milliarden Franken. Offenbar werden wir immer kränker, sensibler und weniger belastbar, ein Volk von Invaliden. Im Jahre 1990 bezogen noch 164 000 Schweizerinnen und Schweizer eine Invalidenrente. Seitdem hat die Zahl der IV-Rentenbezügerinnen und -bezüger stetig zugenommen: Im letzten Jahr waren in der Schweiz nicht weniger als 271 000 Personen invalid. Beziehungsweise: 271 000 Personen wurden von einer IV-Stelle invalid geschrieben.

Interessant ist dabei, dass die aus «traditionellen» Gründen ausgerichteten Renten – etwa infolge Geburtsgebrechen oder Unfällen mit bleibenden körperlichen Schäden – im erwähnten Zeitraum abgenommen haben. Immer mehr Invalidenrenten werden infolge einer Krankheit ausgeschüttet. Die grössten Steigerungsraten verzeichnen dabei psychische Krankheiten. Jede dritte Rente wurde im Jahre 2003 aufgrund der Diagnose «Psychische Störung» gesprochen.

Wie erklären sich die offiziellen Stellen das? Gar nicht. Die Entwicklung bleibt ihnen «ein Rätsel», wie die Vizedirektorin des Bundesamtes für Sozialversicherungen und Chefin der Invalidenversicherung Beatrice Breitenmoser zugegeben hat.

«Jeder Mensch, der für die Arbeit nicht mehr motiviert ist, ist letztlich invalid. Wenn jemand eine Rente will, so braucht er sie auch», wurde kürzlich ein Hausarzt aus Zürich zitiert. Ob solcher Aussagen stehen einem die Haare zu Berge! Kern des Problems: Der Zugang zur IV ist zu einfach, die Leistungen sind zu attraktiv und die Rechtsmittel zu stark ausgebaut. Hier habe ich nachgehakt und mittels Motion vom Bundesrat verlangt, die Rechtsmittelverfahren im Sozialversicherungsbereich zu straffen und die Entgeltlichkeit einzuführen. Als Rechtsmittel hätten im Normalfall Einsprache und Beschwerde vor dem kantonalen Versicherungsgericht zu genügen, der Zugang zum Bundesgericht sei zu beschränken. Der Bundesrat beantragt die Annahme dieser Motion – die Beratungen im Parlament stehen noch aus.

Doch nicht nur die Rechtsmittel sind ein Problem. Die «Rundschau» des Schweizer Fernsehens zeigte kürzlich ein weiteres: Ein junger Mann erhielt eine IV-Rente, weil er «ein Problem mit Autoritäten» hat. Nichts ist normaler für einen Jugendlichen, als dass er sich gegen Eltern, Lehrer oder Lehrmeister auflehnt! Gewisse Beamte sehen darin aber offenbar eine Krankheit. Kein Wunder, platzt die Invalidenversicherung aus ihren Nähten!

Familienpolitik:
Selbstverantwortung statt Giesskanne!

Überall findet man Beispiele für Leistungen, die unsere Gesellschaft finanziell extrem belasten. Oft setzt man mit Sozialhilfe zwar an einem notwendigen Punkt an – schiesst dann aber über das Ziel hinaus. So ist etwa das Kinderkriegen in der Schweiz zu einem finanziellen Risiko geworden. Wer heute eine Familie gründen will und nicht über ein überdurchschnittliches Einkommen verfügt, muss mit erheblichen finanziellen Einschränkungen rechnen. Manche Eltern führt ihr Kinderwunsch in die Armut. Studien haben gezeigt, dass vor allem Alleinerziehende und kinderreiche Familien häufiger einkommensschwach sind als Kleinfamilien und Kinderlose. Diese so genannte neue Armut muss bekämpft werden. Aber wie?

Die Linke, die CVP und Arbeitnehmerorganisation setzen derzeit auf Zulagen und Leistungen, um das «Familienproblem zu lösen». Rechnet man die Kosten von zwei aktuellen Vorhaben zusammen – die Bundeslösung für Familienzulagen und die Ergänzungsleistungen für Familien nach Tessiner Modell –, ergibt sich bereits ein Betrag in Milliardenhöhe.

Im Parlament ist noch die Initiative «Für fairere Kinderzulagen» des Arbeitnehmer-Dachverbandes Travailsuisse hängig. Mit der Giesskasse will man für jedes Kind 450 Franken ausschütten, was für die öffentliche Hand Mehrkosten von 11 Milliarden Franken bedeutete. Solche Mehrausgaben müssten neue Steuern auslösen. Ich lehne eine solche Lösung des Problems auf Bundesebene ab, bei der Familienpolitik muss die Eigenverantwortung im Vordergrund stehen.

Mit blossen Geldzuwendungen lässt sich Familienpolitik jedenfalls nicht betreiben. Ich plädiere für mehr Selbstverantwortung und lokale Initiative. So hat etwa der steigende Bedarf für ausserfamiliäre Kinderbetreuung auf privater Seite vielerlei Aktivitäten ausgelöst. Privatpersonen haben Krippen gegründet, private Kindergärten und Primarschulen verzeichnen nicht zuletzt aufgrund ihrer zeitlichen Flexibilität immer stärkeren Zulauf. In einzelnen Gemeinden haben Mütter einen Mittagstisch für Kindergarten- und Schulkinder gegründet. Solche private Eigeninitiative, aber auch wieder die vermehrt gelebte Solidarität zwischen Verwandten und Nachbarn, ist unbedingt zu fördern.

Damit unser Sozialstaat nicht vollends aus dem Ruder gerät, sind viele Massnahmen nötig. Folgende fünf nenne ich hier ausdrücklich:

1. Schnelle Verabschiedung des Gesetzes über Schwarzarbeit, das einfache Administrativmassnahmen enthalten muss
2. Dringende Revision der IV mit Kostenpflichtigkeit für Einsprachen
3. Personen mit einer Beschäftigung – auch Teilzeit – müssen in jedem Fall besser gestellt sein als Sozialhilfeempfänger
4. Kein weiterer Ausbau der AHV; die Einführung einer Mindestlebensarbeitszeit soll geprüft werden
5. Kein weiterer Ausbau der Familienzulagen

Ich setze mich dafür ein, dass diese Ziele bis 2007 erreicht sind!

6. Bildung: Besser –
und erst noch günstiger!

Wir schulen unsere Kinder zu spät ein – sie sollen Englisch als erste Fremdsprache lernen – die Berufsbildung muss praxisbezogen bleiben – wir haben zu viele Fachhochschulen – bei den Universitäten wäre weniger mehr: zwei bis drei Elite-Universitäten würden den Wettbewerb ankurbeln.

Die PISA-Studien brachten es an den Tag: Das schweizerische Bildungswesen verliert im internationalen Vergleich an Boden. Das können wir uns nicht leisten! Schliesslich ist eine gute Ausbildung der Bürgerinnen und Bürger die Grundlage für den Wohlstand der Schweiz. Wir müssen deshalb alles unternehmen, um das Bildungssystem in unserem Land wieder zu einem der weltweit besten zu machen.

Dass das Bildungswesen wichtig ist, wissen alle. Darum wird auch ständig daran herumgeflickt. Mit ihren zum Teil grotesken und enorm teuren Änderungsvorschlägen erhöhen die Behörden allerdings nicht die Qualität, sondern öffnen der Bürokratie Tür und Tor. Auf den PISA-Schock vor drei Jahren wurde mit neuen Kommissionen, Berichten und Massnahmenpaketen reagiert, die uns Millionen kosten. Bundesrat und Parlament finden offenbar, der Staat müsse nur mehr Geld für die Bildung ausgeben, dann ergebe sich wirtschaftliches Wachstum quasi von allein. Es ist allerdings offensichtlich, dass die Gelder zu wenig effizient eingesetzt werden, denn das Bildungsniveau ist keineswegs gestiegen.

Ich gehöre der nationalrätlichen Kommission für Wissenschaft, Bildung und Kultur (WBK) an. An der ersten Sitzung der WBK in der neuen Legislaturperiode erlaubte ich mir die Frage, ob die finanziellen Mittel sinnvoll eingesetzt würden. Allein diese Frage schien einem Tabubruch gleichzukommen. Ich versuchte, den Anwesenden meine Zweifel anhand dreier Beispiele aufzuzeigen:

1. Die Umwandlung der einstigen «höheren Schulen» in Fachhochschulen hat überall zu einer gigantischen Aufblähung des Verwaltungsapparates geführt, die in keinem Verhältnis zu den gestiegenen Studentenzahlen steht.

2. Die Umwandlung der früheren HWV in Fachhochschulen hat dafür gesorgt, dass die Anzahl Dozenten aus Praxis und Privatwirtschaft massiv abgenommen hat. Dadurch wird der Praxisbezug der Studierenden verringert. Die Kritik der Wirtschaft, aus den Schulen kämen nur noch Theoretiker, die in der Arbeitswelt erst lange eingearbeitet werden müssen, hat damit Aufwind erhalten.

3. Lehrkräfte, die zuvor an einer höheren Schule tätig gewesen sind, werden nun als Fachhochschul-Dozenten eingestuft – und ihre Löhne werden linear um 15 bis 40 Prozent erhöht, ohne jede Berücksichtigung der persönlichen Leistung. Fast bizarre Lohnerhöhungen gab es etwa bei der Universität Luzern. Dort stellte sich heraus, dass die hervorragenden Lehrkörper im juristischen Bereich weniger gut bezahlt waren als die Professoren zweier vergleichbarer Universitäten. Was geschah? Anstatt die persönlichen Leistungen der anerkannten Fachkräfte zu würdigen und ihre Löhne anzuheben, wurde der gesamte Lehrkörper – also nicht nur der juristische – linear höher entschädigt. Lehrende, deren Lohn im Vergleich mit anderen Universitäten völlig in Ordnung war, verdienen – zum Beispiel

an der Theologischen Fakultät – jetzt bis 40 Prozent mehr, als sie anderorts bekämen. Solche missglückten Versuche von Gleichmacherei und falscher Lohngerechtigkeit kosten uns Millionen von Franken.

Primarschule: Zersplitterung schwächt, einheitliches Bildungssystem stärkt

Welche Massnahmen sind nötig, um die Qualität unseres Bildungssystems wieder auf Spitzenniveau zu bringen? Beginnen wir bei den Kleinsten. Die Volksschule legt die Basis für spätere Erfolge im Berufsleben. Hier benötigen wir Änderungen bei der Einschulung, öffentliche Tagesschulen, die Einführung von Frühenglisch sowie einheitliche Lehrpläne für die ganze Schweiz.

Es ist wissenschaftlich erwiesen, dass Kinder bis zu einem Alter von etwa fünf Jahren ein fast unendlich grosses Aufnahmevermögen besitzen. Diese Tatsache ruft nach bildungspolitischen Konsequenzen. Die Schweiz ist heute noch eines der wenigen Länder, in denen die Kinder beim Schuleintritt bereits sechs- oder siebenjährig sind. Dazu kommt, dass die vorschulische Förderung der Kinder schlecht ausgebaut ist. In den Niederlanden beginnt die Schulpflicht beispielsweise mit drei Jahren. Frankreich dürfte weltweiter Spitzenreiter sein: Dort werden bereits zweijährige in die «Ecole maternelle» geschickt! Eine Vorverschiebung der Schulpflicht um mindestens ein Jahr ist für uns deshalb ein absolut notwendiger erster Schritt.

Auch öffentlich geführte Tagesschulen sind heute ein Muss. Wer noch das Bild von der Mutter im Kopf hat, die mit umgebundener Küchenschürze den heimkommenden Kindern das Essen auf den Tisch stellt, verkennt die Realität der modernen Schweiz. Ein-Eltern-Familien oder solche, bei denen beide Elternteile arbeiten, sind weit verbreitet. Wenn wir Tagesschulen anbieten, entlasten wir alle Eltern, die auswärts arbeiten wollen oder müssen. Im Kanton Zug – aber nicht nur dort – wurden bereits gute Erfahrungen mit öffentlichen Tagesschulen gemacht. Familien mit hohem Einkommen suchen sich heute bei einem Wohnortswechsel Gemeinden aus, in denen es Tagesschulen gibt – sie sind ein Standortvorteil!

Viel diskutiert wird gegenwärtig auch die Aufnahme des Englischunterrichts in den untersten Primarklassen. Für mich ist es angesichts der Globalisierung keine Frage, dass schon die Kleinsten Englisch als erste Fremdsprache lernen. Für «Frühenglisch» spricht auch, dass kleine Kinder motiviert neue Sprachen aufnehmen und vor allem noch keine Sprechangst haben. Ausserdem fördert das frühe Erlernen einer Fremdsprache Intelligenz und Selbstbewusstsein der Kinder. So werden sie fit für die globalisierte Welt! Eine weitere Fremdsprache – Italienisch, Französisch, Deutsch – könnte dann ab einem gewissen Alter belegt werden.

Noch ist nicht allen klar, wie wichtig die Einführung von «Frühenglisch» ist. Im Kanton Graubünden wird in gewissen Gebieten Italienisch statt Englisch unterrichtet, meines Erachtens eindeutig ein Fehler. Ein Fehler, der aber nur möglich ist, weil es in der Schweiz keine einheitliche Bildungspolitik gibt! Wir haben 26 unterschiedliche Bildungssysteme, jeder Kanton verfügt über eine eigene Erziehungsdirektion. In der Zerstückelung unserer Bildungslandschaft sehe ich überhaupt keine Vorteile. Wir brauchen endlich einheitliche Lehrpläne für die ganze Schweiz. Unterrichtsmaterialien, Lernziele und Bewertungssysteme müssen in der ganzen Schweiz identisch sein. Das ist auch nötig wegen der zunehmenden Mobilität der Familien.

Berufsbildung: Ja kein Zuviel an Theorie!

Kommen wir zu einer anderen Stufe: der Berufsbildung. Ich frage mich oft, welche Berufe heute eine Zukunft haben. Es zeigt sich mehr und mehr, dass eine gute Berufsausbildung bessere Chancen eröffnet als eine Matur. Wir tendieren dazu, alle ins Gymnasium schicken zu wollen – wozu? Die Akademisierung der Gesellschaft geht an der Realität vorbei. Zwar empfehlen Experten von OECD und WEF für die Schweiz eine Maturitätsquote von 25 Prozent; in der Deutschschweiz liegt sie gegenwärtig tiefer, im Tessin und in der Romandie höher. Diese Experten, die unser System vielleicht zu wenig kennen, gehen davon aus, dass eine höhere Maturitätsquote zu höherem Wirtschaftswachstum führt. Ich muss ihnen widersprechen! Es besteht kein Zusammenhang zwischen Wirtschaftswachstum und Maturitätsquote, sonst müsste ja in der Westschweiz die Wirtschaft stärker wachsen als in der Deutschschweiz. Es ist jedoch eher das Gegenteil der Fall.

Einen bedeutenderen Einfluss auf das Wirtschaftswachstum hat unser so genannt «duales Bildungssystem», das zum Beispiel in Form der Weiterbildung Theorie und Praxis wirksam verknüpft. Aus dem dualen Bildungssystem gehen Leute hervor, die zum Teil privat ihre Ausbildung zum Marketing-, Verkaufsleiter, Buchprüfer, technischen Leiter und so weiter absolviert haben – und die ganz entscheidend zum Wirtschaftswachstum beitragen. Bei der Mehrheit der 300 erfolgreichsten KMU der Schweiz belegen sie Spitzenpositionen oder sind im höheren Kader zu finden.

Auch die Berufsbildung muss wieder viel praxisnaher gestaltet werden. Viele junge Leute haben keine Chance mehr, eine Berufslehre zu machen, weil das neue Berufsbildungsgesetz die schulische Anforderungen in die Höhe getrieben hat. Ausserdem erschwert das neue Gesetz den Betrieben, Lehrlingsplätze anzubieten. Früher musste ein KV-Lehrling eincinhalb Tage pro Woche zur Schule, heute ist er während mehreren Wochen am Stück abwesend – vor allem in kleinen Betrieben kann er so kaum mehr in den Arbeitsprozess integriert werden. Obwohl die Gesetzesänderungen von verschiedenen Verbänden kritisiert wurden, hat sich wieder einmal die Verwaltung durchgesetzt.

Die früher begehrte zweijährige Bürolehre wurde abgeschafft. Das traf nicht nur die Kleinbetriebe hart, die diese Lehre gerne anboten, weil die Lehrlinge nur einen Tag pro Woche zur Schule mussten – die Abschaffung schadete vor allem den schwächeren Schülern. Denn eine Bürolehre bot ihnen einen idealen Einstieg in einen kaufmännischen Beruf. Nach Ende der Lehrzeit konnten motivierte Lehrlinge eine zweijährige Zusatzausbildung absolvieren und schliesslich einen KV-Abschluss machen. Ich bedaure sehr, dass Hunderte von Bürolehrstellen wegfallen sind – als gebe es dafür keinen Bedarf mehr! Allerdings schreibt das neue Berufsbildungsgesetz den so genannten Attest vor, zu dem auch die «alte» Bürolehre gehört. Dieser wurde aber nie propagiert, so dass ihn kaum jemand kennt.

Mit kleinen, einfachen Korrekturen und Lehrlingsämtern, die vermehrt praxisnah denken, könnten meines Erachtens innert Kürze Tausende von Lehrstellen in Kleinunternehmen neu geschaffen werden. Doch die Bereitschaft, notwendige Korrekturen durchzuziehen, für die es nicht einmal Gesetzesänderungen braucht, ist viel zu klein. Noch …

Besonders appellieren möchte ich hier an den Finanzsektor. Er hat in den letzten Jahrzehnten im Bereich der kaufmännischen Ausbildung Hervorragendes geleistet. Viele, die ihre Lehre bei einer Bank durchliefen, haben später ganz wesentlich zum Erfolg des Finanzsektors beigetragen. Ein Paradebeispiel dafür ist Marcel Ospel, ehemaliger Lehrling und heutiger Verwaltungsratspräsident der UBS. Eine gute berufliche Ausbildung beim Start ins Erwerbsleben trägt vor allem dazu bei, dass die jungen Leute Bodenhaftung haben und ihr Metier von Grund auf kennen lernen. Heute tun besonders die Regionalbanken, die Raiffeisenbanken und ein grosser Teil der Kantonalbanken noch etwas für den Nachwuchs. Hier liegt ein enormes Wachstumspotential für die Schweiz.

Fachhochschulen: Keine Zweitklass-Universitäten!

Die in den letzten sechs Jahren erfolgte Überführung der höheren Fachschulen in sieben regionale Fachhochschulen mit gegenwärtig 60 Teilschulen sollte das Image der höheren Berufsbildung gegenüber dem akademischen Bildungsweg stärken. Als «Königsweg» wurde vor zehn Jahren die Berufsmatura eingeführt. Im Jahr 2003 liessen sich an den Fachhochschulen rund 33 000 Jugendliche in über 270 Diplomstudiengängen ausbilden. Bis 2007 soll die Zahl der Absolventen noch überdurchschnittlich ansteigen.

Ziel der Fachhochschule wäre eine möglichst praxisnahe Ausbildung. Doch dieses Ziel wird in der Praxis nicht erreicht, denn der Anteil der Maturanden steigt überdurchschnittlich an. In gewissen Fachhochschulen beträgt er bereits über 30 Prozent. Das führt dazu, dass jene Jugendlichen, die heute den beschwerlichen «Königsweg» über Lehre und Berufsmatura gehen, mehr und mehr die Dummen sind. Warum sollten sie auch eine Lehre machen, wenn dann doch jeder Gymnasiast ihnen den Platz in der Fachhochschule wegnehmen kann? Zumal viele Studierende erst in eine

Fachhochschule kommen, nachdem sie an der Universität gescheitert sind – so etwas sollte nicht möglich sein, denn es wertet die Fachhochschulen ab und verursacht enorme Mehrkosten.

Wenig gebracht hat auch die Umwandlung der früheren Lehrerseminare in pädagogische Fachhochschulen. Früher wussten junge Leute, was auf sie zukam, wenn sie ins Lehrerseminar gingen. Sie wurden intensiv und umfassend auf ihren Lehrerberuf ausgebildet; für viele war dieser Beruf fast eine Berufung. Der Weg über die Matura hat nicht nur ein Mehrfaches an Kosten verursacht, sondern auch den Lehrerberuf zu einem ganz gewöhnlichen Job abgewertet.

Dasselbe spielt sich gegenwärtig bei den Berufen in den Bereichen Gesundheit, Soziales und Kunst (GSK) ab. Im Gesundheitswesen wurden in der Westschweiz neue Strukturen geschaffen, die bereits Hunderte von Millionen Franken Mehrkosten verursachen. Am enormen Überangebot an Gesundheitsfachhochschulen leidet bizarrerweise die Qualität der Patientenbetreuung in den Spitälern, denn viele der topp ausgebildeten Kräfte schreiben lieber Konzepte, als praktisch zu arbeiten. Oft können sie das auch gar nicht richtig: Theoretisch wissen die GSK-Berufsleute zwar, wie sie eine Spritze setzen müssen, praktisch haben sie aber keine grossen Erfahrungen. Obwohl heute alle Politikerinnen und Politiker erkennen, dass die in der Westschweiz aufgebauten Strukturen überrissen und nicht mehr finanzierbar sind, fehlt der Mut, hier einzugreifen. Stattdessen werden in der Deutschschweiz und im Tessin mit vollem Elan die gleichen Strukturen aufgebaut, die für Bund, Kantone und Gesundheitswesen verheerend sein werden. Unterhält man sich mit den gut ausgebildeten Berufsleuten in den Spitälern über diese Situation, erntet man nur Kopfschütteln. Fachleute führen die neuen

Strukturen auf Entscheide einer Politiker-Chefetage zurück, die keinen Bezug zur Realität hat. Wenn hier nicht die Alarmglocke geläutet und vor allem eine maximale Zahl an Auszubildenden festgelegt wird – zum Beispiel über einen Numerus Clausus –, entsteht das nächste finanzielle Fass ohne Boden.

Die dringend notwendigen Korrekturen beim Fachhochschulgesetz anzubringen, ist unmöglich, wenn nicht neues Denken einsetzt. Ich werde trotzdem alles dafür tun, diese Korrekturen bei der Behandlung des Gesetzes anzubringen. Jeder weiss, wir haben ein Überangebot an Studiengängen an den Fachhochschulen in der Schweiz! Dieses ist durch die grosszügige Finanzierung in den letzten Jahren entstanden – ein Drittel der Betriebs- und Investitionskosten zahlt der Bund. Für jeden Kanton war es ein Muss, möglichst eine Fachhochschule zu besitzen. Dabei wurden bewusst Mittel abgezogen und in die Fachhochschulen hineingebuttert, sehr zum Schaden der Primarschulen. Dass aus dieser Situation jede höhere Schule die Anerkennung als Fachhochschule anstrebt, versteht sich von selbst. Schliesslich können die Lehrer dann mit höheren Salären rechnen. So steigen Bürokratie und Kosten exponentiell an.

Eine Schule, die gerade die Fachhochschul-Anerkennung erhalten hat, ist die «Scuola e Teatro Dimitri» in Verscio. Die «Neue Zürcher Zeitung» schreibt am 15. Juli 2004, dass sich dadurch für Dimitris Schule «auch finanzielle Erleichterungen» ergeben werden. Es geht mir hier nicht darum, Dimitris Verdienste als Künstler und als positiver Botschafter für die Schweiz in der ganzen Welt in Frage zu stellen. Gespannt bin ich aber, welche finanziellen Konsequenzen die Fachhochschul-Anerkennung seiner Schule für die Steuerzahler haben wird. Die Kosten werden bestimmt steigen. Bis jetzt wurde

Dimitris Schule nämlich als private Institution für rund 600 000 Franken betrieben. «Als anerkannte Fachhochschule» – so die NZZ – «fallen nun pro Schüler und Jahr namhafte staatliche Beiträge an ...» Die Dozierenden in Verscio werden sich freuen!

Ein weiteres, geradezu groteskes Beispiel bahnt sich beim Kampf um die Standorte der Fachhochschulen an. Es ist einerseits völlig richtig, dass sich die Fachhochschulen Nordwestschweiz zusammen schliessen. Als der Kanton Solothurn seine finanziellen Krise erlebte, war er bei der Errichtung der Fachhochschule Olten auf schlanke und effiziente Strukturen angewiesen. Dabei wurde als Novum die Dozentenschaft auf privatwirtschaftlicher Basis zu tieferen Löhnen und bei längerer Arbeitszeit eingestellt – gerechnet wurde mit Jahresarbeitszeiten, nicht mit Pensen. Die Fachhochschule war von Anfang an im Sinne des New Public Management organisiert, nämlich mit eigener Budgetverantwortung. Der Kanton gewährte der Geschäftsleitung grossen Handlungsspielraum.

Wer glaubt, das alles hätte die Oltener demotiviert, muss sich eines anderen belehren lassen. Die Fachhochschule Olten geniesst einen hervorragenden Ruf, gilt im Bereich Wirtschafts- und Innovationsförderung als eine der erfolgreichsten und besitzt internationale Ausstrahlung – derzeit hat sie über 50 Verträge mit ausländischen Hochschulen. Dazu kommt ihr international ausgerichtetes Angebot: Sie bietet die Ausbildung zum Betriebsökonom FH ganz in Englisch an – «International Management in English». Meines Erachtens ist dies die richtige Antwort der Schule auf die Anforderungen einer globalisierten Welt. Es erstaunt nicht, dass die Absolventen der Fachhochschule Olten auf dem Arbeitsmarkt extrem gesucht sind. Es ist für mich keine Frage: Wenn es darum geht, wer den Lead bei den Fachhochschulen Nordwestschweiz übernimmt, soll Olten als die wirtschaftlichste und nicht diejenige von Basel zum Zuge kommen. Damit könnten Bund und Kantone Millionen von Franken sparen.

Die Fachhochschulen dürfen auf keinen Fall die privaten Weiterbildungsstrukturen der Schweiz gefährden. Dort regiert der vernünftige Grundsatz: Wer sich ausbilden lässt, muss dafür finanziell aufkommen. Die privaten Schulen haben wesentlich zum Wachstum der Schweiz beigetragen. Für private Ausbildung sind in den letzten Jahren mindestens 1,5 bis 2 Milliarden Franken ausgegeben worden. Und was tun die Fachhochschulen? Sie wollen diese Ausbildungen auch noch an sich reissen, was volkswirtschaftlich völliger Unsinn wäre!

Was macht mir im Bereich Fachhochschulen am meisten Sorge? Es fehlt eine effiziente Gesamtstrategie! Wir haben schlicht zu viele Studiengänge, vor allem die Westschweiz ist mit Fachhochschulen völlig überdotiert. Die heute 270 Studiengänge sollten aus Effizienzgründen auf 140 gekürzt werden. Ich kritisiere zudem die Überregulierung durch den Bund, er sollte sich nur auf Qualitätssicherung und Zertifizierung beschränken. Enorme Gefahr einer bürokratischen Aufblähung besteht meiner Meinung nach bei den GSK-Berufen. Die Fachhochschulen sollen Wettbewerb und Selbstverantwortung fördern – mit gezielt höheren Studiengebühren lässt sich die Motivation der Studentinnen und Studenten verbessern. Ich plädiere für eine Beschränkung der Master-Ausbildung mit strengen Zulassungskriterien und hohen Studiengebühren. In der Vergangenheit wurde die Master-Ausbildung in der Regel selber finanziert, was im Interesse eines beruflichen Weiterkommens war.

Universitäten:
Schluss mit dem Giesskannenprinzip!

Es ist kaum zu leugnen, dass die Schweiz im internationalen Standortwettbewerb auf Universitätsstufe verliert. Besonders Schwellenländer wie Indien und China mit ihren fast unmenschlichen Auswahlverfahren bringen in allen Bereichen bestens qualifizierte Leute auf den Arbeitsmarkt.

Die Studenten in Indien, China und auch in den USA werden in Fakultäten gedrängt, die Zukunft haben. Auf Veränderungen im Arbeitsmarkt reagieren die Schulbehörden dort sehr schnell. Bei uns nicht. Im Gegenteil, für unser Land so bedeutende Studienrichtungen wie Chemie und Physik sind völlig unterdotiert, Moderichtungen wie Medizin oder Publizistik werden hingegen überbewertet. So verschleudern wir Hunderte von Millionen von Franken!

Im Vergleich mit anderen Ländern ist unser Hochschulwesen sehr teuer. Die Gründe dafür sind hohe Professorenlöhne, keine Zulassungskriterien und zu viele Ausbildungsstätten auf Hochschulstufe, was zu Doppelspurigkeiten und Effizienzproblemen führt. Schweden als erfolgreiche Bildungsnation hat für jede Studienrichtung nur eine beschränkte Anzahl von Studienplätzen; wer einen davon haben will, muss mit guten Noten glänzen.

Die Schweiz kann sich so viele Hochschulen mit derart breitem Fächerangebot heute und wohl auch in Zukunft nicht mehr leisten. Die Zeit des Giesskannenprinzips ist vorbei! Der Markt soll in den Vordergrund treten. Die Universitäten müssen sich künftig auf ihre Kernkompetenzen konzentrieren. Es ist denkbar, pro Standort nur eine Fakultät zu betreiben oder gewisse Schwerpunkte zu setzen. Wir können nicht überall diese Breite an Ausbildungen finanzieren. Studienrichtungen mit wenig Interessenten – zum Beispiel Slawistik oder Islamwissenschaft – sollten zudem nur noch an einem einzigen Standort in der Schweiz angeboten werden.

Für gewisse Studiengänge brauchen wir neue Finanzierungsmodelle. Ich denke da vor allem an das Medizinstudium, das in den letzten Jahren zu einem Modestudium geworden ist. Über 55 Prozent der Medizin Studierenden sind weiblich. Fünf Jahre nach dem Staatsexamen arbeitet jedoch nur noch ein kleiner Prozentsatz dieser Frauen in der Medizin. Das ist ein weiteres Beispiel für ineffizienten Mitteleinsatz, ein Medizinstudium kostet nämlich durchschnittlich 1,2 Millionen Franken!

Ich finde, es sollte nur noch ein Medizinstudium aufnehmen, wer später tatsächlich in der Medizin arbeiten wird. Sichern könnte dies ein Darlehenssystem für die Studierenden. Sein Anreiz bestünde darin, dass Leute, die mindestens zehn Jahre praktizieren, das Darlehen nicht zurückzahlen müssen.

Wie ich schon im Kapitel über das Gesundheitswesen ausgeführt habe, werden wir nicht umhin kommen, medizinische Fakultäten in der Schweiz zu schliessen. Das Sparpotenzial beträgt hier etwa 500 Millionen Franken.

Künftig darf die Erhöhung der Gebühren an unseren Hochschulen kein Tabu mehr sein. Die Gebühren sind bei uns im internationalen Vergleich sehr niedrig. Beispielsweise verlangen angelsächsische oder japanische Universitäten fünf- bis zehnmal höhere Gebühren, im Extremfall sogar bis zu 40-mal mehr. Hier könnte der Einwand kommen, dass dort dafür weniger Abschlüsse im Verhältnis zur Wohnbevölkerung gemacht werden. Das stimmt nicht – die Zahl der universitären Abschlüsse ist in den USA trotz höherer Gebühren fast dreimal so gross wie bei uns. Das ist weiter nicht erstaunlich, identifizieren sich doch die Uni-Absolventen in den USA – trotz oder vielleicht auch gerade wegen höherer Studiengebühren – ausserordentlich stark mit ihren Hochschulen. Sie greifen für ihre Ausbildung tief in die Tasche – fordern dafür aber auch eine entsprechende Gegenleistung.

Es gibt noch ein zweites Tabu in der Schweizer Hochschulpolitik, an dem fast nicht gerüttelt werden kann: Mit einer Matura in der Tasche kann sich heute jeder an jeder Schweizer Universität einschreiben lassen. Soll es jedoch bei uns künftig ein paar Spitzenuniversitäten von weltweitem Ruf geben, braucht es strenge Aufnahmekriterien. Die Eliteuniversitäten in den USA suchen sich seit jeher ihre Studierenden aus.

Spitzenhochschulen sind für unser Land unbedingt nötig. Für drei, vier akademische Bereiche müssen Toppinstitute mit renommierten Dozenten eingerichtet werden. Die Mittel dafür könnten private Sponsoren oder Grosskonzerne aufbringen. Die Attraktivität dieser Hochschulen müsste mit einem einfachen Zugang für ausländische Studenten zusätzlich gesteigert werden. Für die Eliteuniversitäten liessen sich bestehende Infrastrukturen umnutzen – warum nicht etwa die Hotelanlage auf dem Bürgenstock, die für 1000 bis 1500 Leute konzipiert ist? Dieser Standort könnte zum Beispiel zu einer führenden Universität für Chemie ausgebaut werden. Vielleicht gelänge es sogar, Kurt Wüthrich, der 2002 den Nobelpreis erhielt, für einen Lehrstuhl zu gewinnen. Damit erhielte er die Mittel und die Infrastruktur, die es ihm erlauben würden, wieder vermehrt in der Schweiz statt vor allem in den USA zu forschen. Der Forschungsstandort Schweiz käme so längerfristig wieder an die Spitze. Ich glaube, die Schweiz ist das einzige Land, das es sich leistet, seine Nobelpreisträger im Ausland arbeiten zu lassen!

Leistungsbewusstsein: China als Vorbild!

Ich habe nun viel über die meiner Meinung nach falschen Weichenstellungen in der Bildungspolitik gesprochen. Nicht vergessen werden darf aber, dass nicht alles am System liegt. Es fehlt ganz generell der Wille zur Leistung – bei uns ist Mittelmass angesagt! Leistungsorientierte Schulkinder werden vom heutigen System nicht belohnt. Es ist deshalb unbedingt nötig, dass schulische Leistungen überall wieder in Form von Noten messbar sind. Dadurch erhalten die Schulkinder ein realistisches Feedback.

An den schweizerischen Universitäten zeigt sich fehlendes Leistungsbewusstsein heute, indem zu wenig zielstrebig studiert wird. Der Abschluss lässt manchmal jahrelang auf sich warten. In China läuft es ganz anders: Die Studierenden lernen dort zielstrebig, machen ihren Abschluss schnell, die Studienzeiten sind kurz. Ausserdem sind die Anforderungen für den Eintritt an die Universitäten viel höher als bei uns. In China kann nur studieren, wer bereit ist, deutlich mehr als der Durchschnitt zu leisten.

Sie sehen: Im Bildungswesen gibt es sehr viel zu tun. In der laufenden Legislaturperiode möchte ich in folgenden fünf Bereichen konkrete Massnahmen durchsetzen:

1. Zeitgemässe Familienpolitik: Dazu gehören eine gerechte Familienbesteuerung, eine Vergrösserung des Angebots an Krippenplätzen und die Verbesserung der Stellung der Frauen
2. Volksschulen: Einführung von Tagesschulen (ausser in ländlichen Regionen); Verbesserung der ausserschulischen Betreuung; Einführung von Englisch als erste

Fremdsprache; Durchsetzung früherer Einschulung und eines einheitlichen schweizweiten Bildungssystems; Verkleinerung des Verwaltungsapparates auf kantonaler Ebene; praxisnahe Ausbildung der Lehrkräfte; einheitliche Lehrmittel in der gesamten Schweiz

3. Stärkung des dualen Bildungssystems
4. Fachhochschulen: Reduzierung der Diplomstudiengänge; Festlegung von prozentualen Limiten im GSK-Bereich; Erhöhung der Studiengebühren; Unterstützung der wirtschaftlichsten Fachhochschulen
5. Universitäten: Gründung von mindestens 3 Eliteuniversitäten mit klaren Zulassungskriterien, Erhöhung der Studiengebühren

Ich setze mich dafür ein, dass diese Ziele bis 2007 erreicht sind!

Weiterbildung kann und darf keine Staatsdomäne sein!

Von Christophe Soutter

Der Staat hat in der Schweiz sogar die Stufe Weiterbildung monopolisiert. Private Anbieter von Weiterbildungsangeboten arbeiten mit ungleichen Spiessen in einem nicht gerade transparenten Markt, in welchem sich der Staat durch seine pseudoseriösen «eidg. Dipl.»-Angebote seinen Anteil sichert.

Obwohl die Qualität der staatlichen Weiterbildung augenscheinlich zu wünschen übrig lässt – die PISA-Studie spricht da eine deutliche Sprache –, wird in der staatlichen Aus- und Weiterbildung keine Leistungskontrolle durchgeführt. Während in allen Ressorts die Budgets gekürzt werden müssen, steigert man die Ausgaben für Bildung weiter – ob sich dieser Aufwand bezahlt macht, scheint im Parlament nur wenige zu interessieren. Mit den Budgets werden die Pfründen der staatlich-trägen Weiterbildung zementiert und das Ungleichgewicht zwischen staatlichen und privaten Weiterbildungs-Anbietern verstärkt.

Ein Beispiel: Das ZfU (Zentrum für Unternehmungsführung AG) positioniert sich als private, internationale Business-School seit über 25 Jahren erfolgreich am Markt. Mehr als 10000 Teilnehmer aus dem deutschsprachigen Raum besuchen beim ZfU jedes Jahr Weiterbildungsveranstaltungen. Gut 40 Prozent der Teilnehmer stammen aus Deutschland und Österreich; sie kommen für ihre Weiterbildung in die Schweiz, obwohl in ihren Heimatländern vergleichbare Weiterbildungsinstitutionen ähnliche Angebote offerieren. Doch Qualität, Praxisrelevanz und methodisch-didaktische Begleitung der Lerninhalte veranlassen tausende Führungskräfte, Jahr für Jahr ihre Weiterbildung beim ZfU zu buchen. Weiterbildung ist für die Schweiz ein nicht zu vernachlässigender Wirtschaftszweig – vor allem, wenn man die gesamte Wertschöpfung inklusive Hotellerie oder Gastronomie berücksichtigt Auch wenn das ZfU Millionen von Franken für die Bewerbung der Veranstaltungen ausgibt – vor allem in Form von Portokosten –, können die öffentlichen Fachhochschulen natürlich mit viel grösser Kelle anrühren. Sie belasten die Portokasse der kantonalen Verwaltung und versenden ihre Programme so breit gestreut und so häufig, wie dies kein privater Anbieter finanzieren kann. Wenn man weiss, dass Marketing gut 40 Prozent der Kosten für eine Weiterbildungs-Veranstaltung ausmacht, erkennt man: Hier werden Unsummen von Steuergeldern für Wettbewerbsverzerrung verschleudert.

Wettbewerbsverzerrend wirkt sich auch die staatliche Anerkennung der Diplome aus. Während Universitäten und Fachhochschulen per Gesetz «staatliche anerkannte» Diplome vergeben können, müssen sich private Anbieter mit «Akkreditierungen» privater Organisationen begnügen. Obwohl die Master- und Executive-MBA-Programme der ZfU auch von Teilnehmern aus Deutschland rege besucht werden, können diese Teilnehmer den Titel in ihrem Land offiziell nicht führen, da ein ZfU-Degree, aber auch jeder andere Degree einer nicht-staatlichen Bildungsinstitution infolge fehlender staatlicher Anerkennung die Nostrifizierung in Deutschland verweigert wird. Eine private Business-School kann es sich natürlich nicht leisten, ihre Produkte an den Bedürfnissen des Marktes vorbei anzubieten – doch sie erhält keine Chance, ihre vom Markt als «nutzenstiftend» deklarierte Weiterbildung auch offiziell zu legalisieren. Damit schneidet sich der Wirtschaftsstandort Schweiz ins eigene Fleisch: Der Weiterbildungsmarkt Schweiz – der bei Führungskräften im Ausland einen sehr guten Ruf geniesst – verzichtet durch die «Legalisierung» der privaten, hochqualitativen und im Markt gefragten Weiterbildungs-Modulen auf Wachstum.

Christophe Soutter ist Stellvertretender Unternehmensleiter / Leiter Master- und MBA-Board an der ZfU – International Business School.

7. Innovative Bauern können uns helfen!

Die Landwirtschaft ist in Produktion wie in Natur- und Landschaftspflege unentbehrlich – Überregulierung und Verstaatlichung machen unseren Bauern das Leben schwer – wir können die Direktzahlungen weder ausbauen noch kürzen – gefragt sind neue Ideen, wie etwa die Betreuung von Pflegebedürftigen auf Bauernhöfen!

Mit teuren Kampagnen werden gegenwärtig die Vorzüge der einheimischem Landwirtschaft beworben. Das scheint auch bitter nötig, denn ihr Image verschlechtert sich zusehends. Allgemein gelten die Bauern als die grössten Subventionsempfänger und erst noch als Jammerer, die über die grösste Lobby verfügen und keine Steuern bezahlen.

Ehrlich gesagt hegte auch ich lange Zeit Vorbehalte gegenüber den Bauern und ihren Forderungen. Auch mir erschien es eigenartig, dass wir so viel Geld in ein Gewerbe stecken, das eine grosse Vergangenheit hinter, aber bei uns wohl keine grosse Zukunft vor sich hat. Nach intensiver Beschäftigung mit der Landwirtschaft, nach vielen Gesprächen mit Bauern und ihren Angehörigen, habe ich meine Meinung gründlich geändert. Heute weiss ich, dass klein- und mittelbäuerliche Strukturen auch enorme Chancen haben. Sie sind volkswirtschaftlich, staats- und gesellschaftspolitisch hochbedeutend und verdienen es, erhalten zu werden.

Der Bauer als Spielball der Verwaltung

Am häufigsten kritisiert man bei der Landwirtschaft wohl die hohen Subventionen in Form von Direktzahlungen. Diese gehen zurück auf einen vom Volk 1996 angenommenen Verfassungsartikel, welcher der Landwirtschaft eine «multifunktionale» Aufgabe zubilligt. Die EU hat ziemlich genau definiert, was mit so einem Auftrag gemeint ist: Die Landwirtschaft muss wettbewerbsfähig sein und hochwertige sowie nachhaltig produzierte Nahrungsmittel herstellen, die Kulturlandschaft pflegen und das Landschaftsbild prägen. Sie leistet einen wesentlichen Beitrag zur Vitalität des ländlichen Raumes und setzt gesellschaftliche Anliegen im Umwelt- und Tierschutz um.

Dieser breite Aufgabenkatalog schränkt die Schweizer Bauern bei der alltäglichen Ausübung ihres Berufes stark ein – hier wie dort gibt es Gesetze, Bestimmungen, Richtlinien, die den Bauern nur wenig Spielraum lassen und einander erst noch häufig widersprechen. Ein gigantischer Verwaltungsapparat bei Bund, Kantonen und Gemeinden beschäftigt sich intensiv mit der Landwirtschaft, allein in der Bundesverwaltung kümmern sich über 500 Personen um die verschiedenen Aspekte der Landwirtschaft, rund 230 davon im Bundesamt für Landwirtschaft, die anderen in Forschungsanstalten und so weiter. All diese Leute sind keineswegs untätig – leider, muss man hier sagen. Denn jeden Monat erlassen sie neue Verordnungen und Weisungen. Allein im ersten Halbjahr 2004 konfrontierten sie die Bauern mit 75 neuen Bestimmungen! Durch die Gesetzesflut werden Investitionen, die ein Gesetz gestern noch notwendig machte, häufig schon morgen überflüssig.

In den letzten fünf Jahren wurden allein die Produktions- und Haltungsbedingungen für Schweine und Kühe dreimal geändert, mit enormen Investitionsfolgen für die Landwirtschaft. Ein Bauer muss heute wirklich flexibel und stets auf der Höhe der Zeit sein, sonst läuft er ständig Gefahr, gegen das geltende Gesetz zu verstossen.

Insgesamt geben wir für die Landwirtschaft auf Bundesebene jedes Jahr 3,5 Milliarden Franken aus. Im Jahre 2002 betrugen die Direktzahlungen 2,4 Milliarden Franken, 979 Millionen wurden in Produktion und Absatz investiert, weitere 223 Millionen in die Grundlagenverbesserung. Zusätzlich pumpen Kantone und Gemeinden für eigene Förderprogramme und deren Vollzug jährlich schätzungsweise 1,5 Milliarden Franken in die Landwirtschaft. Daraus resultiert das eigentliche Drama: Die staatliche Übervorsorge in regulatorischer Hinsicht und die finanziellen Folgen neuer Vorschriften machen der Landwirtschaft oft grosse Mühe. Mit den viel zu vielen Massnahmen erreicht man eigentlich genau das Gegenteil von dem, was man will: Man behindert die Landwirtschaft, statt sie wettbewerbsfähiger zu machen.

Die Bauern verdienen nicht zu viel!

In der Schweiz sind die landwirtschaftlichen Produkte 60 bis 70 Prozent teurer als in Deutschland. Dafür werden in der Öffentlichkeit oft die Landwirte verantwortlich gemacht. Doch das ist ungerecht: Ein Durchschnittsbauer arbeitet in der Schweiz 60 bis 70 Stunden, seine Frau hilft vielfach ohne Bezahlung mit. Das Verhältnis von Aufwand zu Ertrag ist für den Bauern sicher nicht sehr günstig. Die Produkte werden vor allem durch das in der Schweiz generell hohe Kostenumfeld verteuert. De facto sind die landwirtschaftlichen Produzentenpreise für Kühe, Schweine oder Getreide in den letzten Jahren stark gesunken. Kosten für Investitionen in Gebäude und Maschinen sowie Reparaturen, teure Produktionsgüter und Dienstleistungen belasten die Buchhaltung eines Bauernhofs gleichzeitig bis zur Schmerzgrenze. Würde der Schweizer Bauer seine Tiere zum deutschen Marktpreis an die Schlächterei liefern, so würde sich damit der Endverkaufspreis nur um maximal 10 bis 15 Prozent verbilligen – weil die zwischengelagerten Kosten nach hohen schweizerischen Standards anfallen und eingerechnet werden.

Wir lösen die Probleme der Landwirtschaft also sicher nicht, wenn wir Direktzahlungen kürzen. Das heutige System ist bereits sehr ausgeklügelt und unterstützt die Schwächeren beispielsweise in Gebieten mit erschwerten Bedingungen. Vielmehr müssen wir dafür sorgen, dass die Bauern besser verdienen – indem sie vermehrt als Unternehmer auftreten und alternative Einkommensquellen erschliessen. Deshalb plädiere ich für eine Beibehaltung der Direktzahlungen, strebe aber in den nächsten drei Jahren eine weitgehende Öffnung der Landwirtschaft an. Konsequent müssen wir Einkommensalternativen für Landwirtschaftsbetriebe fördern und dazu die notwendigen gesetzlichen Änderungen durchsetzen. Als Beispiele mögen uns dabei teilweise die Kantone Bern und Luzern dienen, die hier schon einiges eingeleitet und realisiert haben.

Senioren auf dem Bauernhof – Österreich macht's vor

Wo liegt das grösste Potenzial für die Bauern der Zukunft? Zunächst in der Lockerung unzähliger Einschränkungen. In der Landwirtschaftszone ist zum Beispiel nur eine bodenabhängige Produktion zugelassen. Somit ist es nicht möglich, neue, bodenunabhängige Tierhaltungen einzurichten, wenn die Futtererzeugung nicht in angemessener Menge auf dem gleichen Betrieb erfolgt. Auch das Halten von Pensionspferden in der Landwirtschaftszone ist stark limitiert.

Es ist auch nicht einzusehen, weshalb ein Bauer keine Fische in einem Teich züchten darf. Ein Bauer soll produzieren können, was sich verkaufen lässt. Weiter sollen sich die Bauern auch in ganz neuen Bereichen engagieren und auf ihren Höfen etwa Managementseminare, Freizeit- oder Sportanlässe durchführen können. Dazu benötigen wir eine rasche Lockerung des Raumplanungsgesetzes.

Vor allem aber sehe ich für den Bauernstand grosse Möglichkeiten im Bereich der Sozialdienstleistungen. Wir alle wissen, dass die Kosten für die Unterbringung und Betreuung von Senioren förmlich explodieren. Warum sollen auf Bauernhöfen keine Pensionierten zu günstigen Konditionen betreut werden?

Vielleicht denken Sie jetzt: Otto Ineichen ist ganz schön abgehoben mit seinen Vorschlägen. Nein, das bin ich nicht, denn ich weiss, die Seniorenbetreuung auf dem Bauernhof funktioniert. Im österreichischen St. Oswald hat nämlich eine Bauernfamilie zusammen mit zwei weiteren bäuerlichen Betrieben ein Seniorenbetreuungsheim eingerichtet. Ursprünglich wollte die Familie einfach ihren Hof reaktivieren. Nun leben 14 Senioren im Haus. Die Grösse dieses «Heims», das auch Pflege bietet, ermöglicht familiäre Betreuung auf dem Land, die sehr geschätzt wird. Für viele Menschen vom Land ist der Wechsel in ein Heim sehr schwer. Können diese zumindest in einer gewohnten Umgebung bleiben, bringt ihnen das grosse Erleichterung. Die Senioren in St. Oswald fühlen sich wohl, verrichten gern kleine Arbeiten, unternehmen

Spaziergänge. Der Bauernhof bietet allen eine Beschäftigung an, niemand muss sich dort unnütz vorkommen. Im Vorjahr errang die bäuerliche Seniorenbetreuung in St. Oswald übrigens den Agrarpreis, weil sie wesentlich zur Schaffung von Arbeitsplätzen, zum Erhalt von bäuerlichen Betrieben sowie der Sozial- und Steuerleistung in der Gemeinde beitrug und Abwanderung verhinderte.

Ich bin überzeugt: Die Aufnahme von Senioren auf Bauernhöfen nützt allen. Der Staat spart damit Geld, der Bauer generiert ein zusätzliches Einkommen, die Pensionierten leben in einem abwechslungsreichen Umfeld mit Familienintegration.

Es funktioniert, wenn die Verwaltung mitzieht

Doch nicht nur Senioren können auf Bauernhöfen betreut und beschäftigt werden – sondern auch Kinder, Invalide, Langzeitarbeitslose oder Ausgesteuerte. Die Kosten für Pflege- und Betreuungsplätze auf dem Bauernhof sind etwa 50 Prozent tiefer als in Heimen, eine Übernahme durch den Sozialhilfeverband ist möglich. Deshalb will man heute im Kanton Luzern ein ähnliches Projekt wie in St. Oswald aufziehen. Ziel ist die Vermittlung von Wohn- und Pflegeplätzen auf Bauernhöfen mit privater Betreuung durch Bauernfamilien, welche die dafür notwendigen Voraussetzungen mitbringen.

Dieses Projekt ist für ältere Menschen, körperlich oder geistig Behinderte gedacht, welche nicht mehr allein wohnen wollen, sondern Geborgenheit innerhalb einer Familie suchen und ihren eigenen Fähigkeiten entsprechend in der Landwirtschaft oder im Haushalt mithelfen möchten.

Auch die schweizerische Stiftung Landwirtschaft und

Behinderte (Lub) will für geistig Behinderte Wohn- und Arbeitsplätze auf landwirtschaftlichen Betrieben einzurichten. Die behinderte Person muss motiviert und körperlich fähig sein, auf einem Betrieb mitzuhelfen. Von ihr wird auch erwartet, dass sie sich in den Familienalltag einfügt. Die Familie hingegen sollte den Behinderten ganzheitlich fördern und ihn zur Selbstständigkeit führen. Die Bauernfamilie erhält für die Betreuungsarbeit eine monatliche Entschädigung zwischen 1650 und 2550 Franken, woraus sie dem Behinderten je nach Arbeitsleistung einen Lohn zahlt.

Das alles klingt ganz einfach. In der bürokratischen Wirklichkeit der Schweiz kann eine solche Idee aber leider nur gegen erhebliche Widerstände verwirklicht werden. Mit allen Mitteln versuchen staatliche Instanzen, den Bauern die Kompetenz abzusprechen, ein Heim zu führen. Amtstellen sind bisher nur bereit, in Bedarfsfällen Ergänzungsleistungen an Platzierungen in Heimen, aber nicht bei Bauernfamilien zu sprechen. Dabei scheint es schlicht um Eigeninteressen und «Gärtlidenken» zu gehen. Längst ist erwiesen, dass solche Projekte funktionieren: In Österreich gibt es bereits 300 ähnliche Einrichtungen.

Auch der Kanton Bern verfügt über mindestens sechs solcher Angebote. Im Kanton Luzern ist das gemeinsame Projekt von Pro Senectute und des Luzerner Bäuerinnen- und Bauernverbandes diesbezüglich sehr weit fortgeschritten, noch fehlt aber die Anspruchsberechtigung für Ergänzungsleistungen.

Ich verstehe einfach nicht, dass man engagierten Menschen Steine in den Weg legt. Wenn wir von Geld sparen reden – und wenn wir die Landwirtschaft erhalten wollen –, dann sehe ich hier jedenfalls eine sehr gute Chance, etwas Konstruktives zu leisten.

Die Wettbewerbsfähigkeit unserer Landwirtschaft ist mir ein grosses Anliegen. Deshalb kämpfe ich in der laufenden Legislaturperiode für folgende Massnahmen:

1. Vereinfachung und Koordination der Kontrollen
2. Anpassung von Umwelt-, Tierschutz und Raumplanungsgesetz an die bäuerlichen Bedürfnisse
3. Gezielte Zulassung von neuen Produkten, deren Herstellung bisher untersagt war
4. Gewährung von Starthilfen für innovative Projekte und neue Produktionsmöglichkeiten
5. Unterstützung von Bauern, welche sich als Sozialdienstleister engagieren wollen

Ich setze mich dafür ein, dass diese Ziele bis 2007 erreicht sind!

8. Diese Ausländer- und Asylpolitik können wir uns nicht mehr leisten!

In der Politik darf es keine Tabus geben, daher sage ich offen: Die Zuwanderung in die Schweiz ist enorm – es kommen immer mehr Menschen zu uns, die hier nicht arbeiten, sondern nur unsere Infrastruktur belasten – wir benötigen deshalb eine nüchterne Ausländer- und Asylpolitik mit Augenmass.

Ich habe lange überlegt, ob ich dieses Kapitel überhaupt schreiben sollte. Denn ich weiss: Das Thema, das ich hier behandle – die Ausländer- und Migrationspolitik – ist hoch emotional und sozialpolitischer Sprengstoff. Doch wenn ich sage, ich möchte kein Blatt vor den Mund nehmen und dem Volk reinen Wein einschenken, dann wäre es nicht ehrlich, diesen Punkt auszuklammern und zu tabuisieren. Denn sehr viele Probleme, unter denen die Schweiz im Moment zu leiden hat, sind auf eine völlig verfehlte Ausländer- und Asylpolitik zurückzuführen.

Wenn ich diese Politik kritisiere, dann ziele ich damit aber nicht auf die Menschen, die zu uns kommen und hier arbeiten möchten. Erstens habe ich sehr viel von ausländischen Arbeitskräften profitieren können. Sie haben mich mit ihrem grossen Engagement grossartig unterstützt! Zweitens bin ich der Ansicht, dass sich diese Menschen aus ihrer Sicht vernünftig verhalten: Sie gehen dorthin, wo sie ein möglichst hohes Einkommen erzielen können.

Was wäre die Schweiz ohne unsere Gastarbeiter! Sie belegen jeden vierten Arbeitsplatz. Meine Bedenken richten sich in erster Linie gegen die zu grosszügige schweizerische Asylpolitik, gegen die illegale Einwanderung mit enormen Folgen für Schwarzarbeit, Kriminalität, unbegründete Asylgesuche. Sie haben das Fass zum Überlaufen gebracht.

Einige der in diesem Kapitel enthaltenen Ausführungen und Zahlenangaben stützen sich übrigens auf aktuelle Daten und Recherchen des Parteiunabhängigen Informationskomitees (PIKOM), das vom Reinacher FDP-Nationalrat Philipp Müller präsidiert wird.

Ein hoher Anteil unserer Verschuldung geht auf die Ausländer- und Asylpolitik zurück!

Die Frage ist, ob sich die Schweiz vernünftig verhält, wenn sie so viele Menschen aus anderen Ländern aufnimmt und versucht, sie in unsere Gesellschaft zu integrieren. Wird damit langfristig unsere Wirtschaft zerstört, ist wirklich niemandem gedient. Der Ausländer kann weiter ziehen, wir aber sitzen vor einem Scherbenhaufen. Ich meine, heute ist in der Ausländer- und Migrationspolitik ein gesundes Augenmass gefordert. Meines Erachtens ist dieses Augenmass längst verloren gegangen. Mit seiner weltweit grosszügigsten Ausländer- und Asylpolitik hat unser Land einen Einwanderungsanreiz geboten, der jede wirtschaftlich sinnvolle Dimension gesprengt und sich längst als Wachstumsbrems Nummer eins erwiesen hat.

Finanziell hat uns die Ausländerpolitik in den letzten Jahren überproportional belastet – im Bildungs- und Gesundheitswesen und im Bereich der Sicherheit sind die Kosten deswegen aus den Fugen geraten, die Verschuldung und der massive Anstieg der Sozialkosten sind zu einem grossen

Teil auf die verfehlten Entwicklungen im Ausländerbereich zurückzuführen! Mit viel zu umfangreichen Leistungen und zahlreichen Sozialvergünstigungen, die deutlich höher liegen als in unseren Nachbarstaaten, haben wir einen eigentlichen Sozialleistungstourismus ausgelöst. Wollen wir keinen Kollaps bei unseren Sozialsystemen in Kauf nehmen, müssen wir jetzt konsequent gegen diesen vorgehen. Fairerweise ist aber auch festzuhalten, dass bezüglich AHV und IV unsere Gastarbeiter zum heutigen Zeitpunkt mehr einzahlen, als sie von uns erhalten.

Man darf nicht vergessen: Bis in die 1980erjahre hinein haben die eingewanderten ausländischen Arbeitskräfte wesentlich zu unserem Wohlstand beigetragen. Seit Anfang der Neunzigerjahre weist die Schweiz jedoch ein unterdurchschnittliches Wachstum auf. Breite Kreise machen dafür die Ablehnung des EWR-Beitrittes im Jahr 1992 und die Nicht-Mitgliedschaft in der Europäischen Union verantwortlich. Ehrlich gesagt fand auch ich lange, unser Abseitsstehen sei verantwortlich für die wirtschaftliche Misere. Heute hingegen bin ich überzeugt, dass sie entscheidend mit der Ausländer- und Asylpolitik zusammenhängt.

Viele Ausländer – trotz vieler Einbürgerungen

Dass wir sehr viele Ausländer in der Schweiz haben, ist nicht einfach eine Behauptung aus dem Bauch heraus. Jeder fünfte Mensch, der hier lebt, hat keinen Schweizer Pass. Ende 2003 betrug der Ausländerteil in der Schweiz 20,5 Prozent – ausser dem Kleinstaat Luxemburg, mit seinen 450 000 Einwohnern ein Spezialfall, weist kein EU-Land einen auch nur annähernd so hohen Ausländeranteil auf. Das EU-Land mit dem höchsten Ausländeranteil ist Schweden mit 11 Prozent, danach folgen Frankreich mit 10,6 und Holland mit knapp 10 Prozent. Länder wie Portugal, Finnland, Italien oder Spanien weisen Ausländeranteile von unter 3,5 Prozent auf.

Halten diese Staaten die Ausländerquote tief, weil sie ihre Ausländer einfach schneller einbürgern, wie so häufig behauptet wird? Keineswegs! Die Schweiz liegt – auch hier mit Ausnahme des Sonderfalls Luxemburg – nicht nur an der Spitze bezüglich des Ausländeranteils, sondern auch bei den Einbürgerungen! Es ist tatsächlich so: Kein anderes Land bürgert im Verhältnis zu seiner einheimischen Bevölkerung derart viele seiner ausländischen Bewohnerinnen und Bewohner ein wie die Schweiz. Würde sie das nicht tun, wäre unser Ausländeranteil noch höher. Zwischen 1990 und 2003 wurden insgesamt rund 287 200 Ausländer eingebürgert – das entspricht der kumulierten Einwohnerzahl von Basel und Bern! Man kann also wirklich nicht behaupten, unsere Einbürgerungspolitik sei restriktiv!

Wenn sich der hohe Ausländeranteil nicht auf eine zurückhaltende Einbürgerungspolitik zurückführen lässt – worauf denn? Natürlich auf die massive Einwanderung. Seit 1990 hat die ständige ausländische Wohnbevölkerung um netto rund 442 000 Personen zugenommen. Dies entspricht einem Wachstum von 41,5 Prozent! Kein anderes Land der EU weist auch nur ähnlich hohe Zahlen auf. Gemessen an der Gesamtbevölkerung sind im erwähnten Zeitraum über dreimal mehr Ausländer in die Schweiz eingewandert als in die EU. Auch der Wanderungssaldo bei den Ausländern, also die Differenz zwischen Ein- und Auswanderung, ist bei uns doppelt so hoch wie in der EU. Es kommen viel mehr Menschen zu uns – und gehen viel seltener wieder weg.

Verändert hat sich auch die Herkunftsstruktur der Zuwanderer. 1984 stammten noch rund 80 Prozent der in der

Schweiz lebenden Ausländerinnen und Ausländer aus einem EU/EFTA-Staat. Ende 2003 waren es nur noch rund 56 Prozent. Das Wachstum der ständigen ausländischen Wohnbevölkerung ist also vor allem auf die Zuwanderung von ausserhalb der EU/EFTA zurückzuführen. Dabei beteuert der Bundesrat immer wieder, er wolle vor allem die Zuwanderung aus EU/EFTA-Staaten zulassen. Exponentiell angestiegen ist etwa die Zuwanderung aus dem Balkan. 1990 lebten 117 000 Personen aus dem Gebiet des ehemaligen Jugoslawien mit einer Aufenthalts- oder Niederlassungsbewilligung in der Schweiz, Ende 2003 waren es bereits über 350 000. Und in diesen Zahlen sind die Personen des Asylbereichs noch nicht einmal berücksichtigt. Der Korrektheit halber ist zu erwähnen, dass sich im Jahr 2004 eine Trendwende abzeichnet. Die meisten Einwanderer stammen heute aus Deutschland und Portugal.

Immer mehr Nichterwerbstätige aus dem Ausland

Nun könnte man sagen: Es ist doch ein gutes Zeichen, wenn so viele Ausländer zu uns kommen, weil sie hier arbeiten möchten. Das signalisiert eine starke Wirtschaft, die ständig mehr Arbeit zu verteilen hat. Leider ist der grosse Zuwachs beim Ausländeranteil aber nicht auf Erwerbstätige zurückzuführen, die bei uns arbeiten. Hauptverantwortlich für den massiven Anstieg der Ausländerquote ist nämlich der Familiennachzug. 1990 lag der Anteil von Erwerbstätigen an der Einwanderung bei über 53 Prozent, 2003 kamen nur noch 30 Prozent aller Einwanderer zum Arbeiten in die Schweiz. Während in die EU-Länder vor allem Ausländer einwandern, die erwerbstätig sind, kommen zu uns immer mehr

Nichterwerbstätige. Diese Menschen tragen nichts zum Wirtschaftswachstum bei, sie bremsen es sogar deutlich, denn sie kosten uns viel Geld.

Das rasche Bevölkerungswachstum als Folge der hohen Einwanderung belastet das Sozialsystem, den Bildungs- und Justizbereich, die Infrastruktur und nicht zuletzt die Natur. Die wirtschaftliche Entwicklung kann das Bevölkerungswachstum überhaupt nicht mehr auffangen.

Erschwerend kommt hinzu, dass bei den einwandernden Erwerbstätigen der Anteil von Arbeitskräften mit einer schlechten oder gar keiner beruflichen Qualifikation sehr hoch ist, die Wertschöpfung ausländischer Erwerbstätiger daher eher gering.

Ausländer füllen unsere Gefängnisse

Doch damit nicht genug: Viele Ausländer sind nicht nur erwerbslos, Ausländer beziehen bei uns auch überdurchschnittlich häufig Leistungen von der Arbeitslosenversicherung, der Invalidenversicherung und der Sozialhilfe. Laut dem Staatssekretariat für Wirtschaft (Seco) waren im letzten Jahr durchschnittlich rund 84 300 Schweizer und 61 300 Ausländer arbeitslos. Gemessen an der Gesamtzahl der Erwerbstätigen betrug die Arbeitslosenquote bei den Schweizern 2,8 Prozent, bei den Ausländern aber 6,8 Prozent! Gemäss Statistik des Bundesamtes für Sozialversicherungen wurden im vergangenen Jahr rund 35 Prozent der Renten an Personen ohne Schweizer Staatsbürgerschaft ausbezahlt. In Zürich und Basel haben 51 Prozent aller Fürsorgeabhängigen – also die Mehrheit – einen ausländischen Pass! Die Stadt Zürich zahlt täglich rund eine Million Franken an Sozialhilfegeldern aus – man kann also davon ausgehen, dass allein diese Stadt im Jahr rund 170 Millionen Franken an ausländische Fürsorgeabhängige überweist.

Leider kostet uns die hohe Zuwanderungsrate auch noch an einer anderen Stelle viel Geld: Sie verursacht nämlich enorme Sicherheitsprobleme. Mehr als die Hälfte aller im Jahr 2003 ermittelten Straftäter, rund 55 Prozent, waren ausländische Staatsbürger. Damit will ich die Ausländer keinesfalls generell kriminalisieren. Es sind viele Leute hier, die sich bestens integrieren. Doch es kommen leider auch viel zu viele her, die sich nicht an unsere Regeln und Gesetze halten. In der ganzen Schweiz platzen deshalb die Gefängnisse aus allen Nähten. Im Genfer Gefängnis Champ-Dollon betrug der Anteil der ausländischen Staatsangehörigen unter den männlichen Insassen im vergangenen Jahr 84 Prozent, in der aargauischen Strafanstalt Lenzburg waren es über 85 Prozent. In dem mit 436 Plätzen grössten geschlossenen Gefängnis der Schweiz, der Strafanstalt Pöschwies im zürcherischen Regensdorf, waren 70 Prozent aller Insassen ausländische Staatsbürger.

Nicht nur die Linken sind schuld am Fiasko!

Nicht nur in der Migrations-, sondern auch in der Asylpolitik liegt seit Jahren vieles im Argen. Wir leisten uns im Asylbereich einen ungeheuren administrativen Aufwand. Seit 1992 – inklusive Budget 2004 – hat der Bund mehr als 12 Milliarden Franken dafür ausgegeben. Noch immer kommen viele Asylsuchende aus dem Balkan, immer mehr stammen aus Afrika. Die Rückführung abgewiesener Asylsuchender aus diesen Staaten ist sehr schwierig, vielfach gar unmöglich, weil die Herkunftsländer diesbezüglich nicht mit uns zusammen arbeiten wollen. Die Rückschaffungsprobleme haben zu einer gewissen Resignation der Vollzugsbehörden geführt. So erhalten immer mehr Asylbewerber – über so genannt humanitäre Regelungen – eine Aufenthaltsbewilligung, obwohl sie in ihrer Heimat keineswegs an Leib und Leben bedroht sind.

In den Jahren 2001 bis 2003 sind 5620 Menschen als Flüchtlinge anerkannt worden und haben eine Bleiberecht erhalten. Darüber hinaus wurden weitere 25 000 Aufenthaltsbewilligungen erteilt – als Konsequenz des Vollzugsnotstandes! Früher oder später werden diese Bewilligungen in ein definitives Bleiberecht umgewandelt werden. So liegt die tatsächliche Bleibequote aller Asylbewerber bei rund 48 Prozent! Die Behörden weisen hingegen eine offizielle Anerkennungsquote von 8 Prozent aus. Das klingt bescheiden, übertrifft aber zum Beispiel die deutsche Anerkennungsquote von 1,8 Prozent um das 4,5-fache!

Wie kommt es, dass die Ausländer- und Migrationspolitik in der Schweiz ein derartiges Fiasko geworden ist? Es wäre völlig verfehlt, allein die Linke mit ihrer traditionellen Ausländerfreundlichkeit dafür verantwortlich zu machen. Vor allem die SVP als einstige Bauern-, Gewerbe- und Bürgerpartei bediente die Interessen ihrer Klientel und sorgte für eine massive Zuwanderung schlecht qualifizierter, aber finanziell wenig anspruchsvoller ausländischer Arbeitskräfte. Obwohl diese Menschen aus freien Stücken einwanderten und ihnen der Aufenthalt in unserem Land wirtschaftliche Möglichkeiten bot, die jene ihres Heimatlandes bei weitem übertraf, sahen Linke und linksorientierte Bürgerliche im Saisonnierstatut eine Verletzung der Menschenwürde und forderten die Möglichkeit zum Familiennachzug, der, wie wir gesehen haben, vor allem hinter dem massiven Anstieg der Quoten steht.

«Menschenwürde» und «humanitäre Tradition der

Schweiz» sind beliebte Kampfbegriffe in der Ausländer- und Asylpolitik – auch bei den Hilfswerken wie der Caritas, die – unterstützt durch Bundesgelder, aber ohne demokratischen Auftrag – immer stärker in die Politik eingreifen. Zusammen mit Kirchen, Hilfswerken wie der Caritas, SP und Grünen bauen sie einen gewaltigen moralischer Druck auf, der eine ungetrübte Sicht auf die Probleme kaum mehr zulässt. Die Grünen erkennen im Entscheid, sich in einem anderen Land niederzulassen, gar ein Menschenrecht! Es braucht kein langes Nachdenken, um zu sehen, dass die konsequente Umsetzung der Forderung nach offenen Grenzen die Schweiz innerhalb kürzester Zeit schlicht und einfach ruinieren würde.

Unsere Sozialwerke sind keine Hilfswerke

Für mich ist es keine Frage: Die Schweiz muss und darf eine Ausländer- und Migrationspolitik betreiben, die vorwiegend ihren eigenen wirtschaftlichen Interessen dient. Es kann nicht sein, dass unsere Sozialwerke zu eigentlichen Hilfswerken umfunktioniert werden. Es kann nicht sein, dass mit unseren Sozialwerken eine Art verdeckte Entwicklungshilfe praktiziert wird. Die Probleme, die in Krisengebieten bestehen, werden nicht gelöst, indem wir die Menschen aus den Krisengebieten zu uns holen – sie müssen vor Ort gelöst werden. Wenn immer mehr schlecht qualifizierte Arbeitskräfte in unser Land kommen, die bei der geringsten konjunkturellen Schwankung entweder bei der Arbeitslosen- oder Invalidenversicherung landen oder abhängig von der Fürsorge werden, ist es nur eine Frage der Zeit, bis unser Sozialsystem zusammenbricht. Seitens der Hilfswerke wird immer wieder behauptet, es sei nicht das Verschulden der Asylbewerber, wenn sie keine Papiere hätten. Tatsache ist aber, dass während der Behandlung eines Asylgesuches 80 Prozent der papierlosen Flüchtlinge ihre Papiere beschaffen können, sofern sie eine Chance auf Aufnahme sehen.

In der laufenden Legislaturperiode kämpfe ich darum um Folgendes:

1. Die Kosten in der Ausländer- und Asylpolitik müssen massiv gesenkt werden.
2. Die steuerbare Einwanderung hat sich an den – insbesondere wirtschaftlichen – Interessen der Schweiz zu orientieren.
3. Ausserhalb des EU-Raumes zugewanderte Erwerbspersonen – ausser gut qualifizierte – sollen während einer Übergangsfrist bestimmte Sozialleistungen nicht beanspruchen dürfen, damit keine falschen Anreize geschaffen werden.
4. Prioritär müssen gut qualifizierte ausländische Arbeitskräfte zugelassen werden.
5. Asylgesuche sind wesentlich schneller zu bearbeiten. Wer ohne Papiere in unser Land reist, ist konsequent zurückzuweisen. Die Rückschaffung, eine Sache der Kantone, ist innerhalb von 30 Tagen zu vollziehen, ansonsten müssen den Kantonen die Bundesbeiträge gestrichen werden.

Ich setze mich dafür ein, dass diese Ziele bis 2007 erreicht sind!

9. Ist die Schweiz noch zu retten?

Der Schuldenberg wächst dramatisch – das Parlament schaufelt ständig neue Milliardenlöcher – wann kommt der finanzielle Kollaps?

Viele Menschen leben über ihre Verhältnisse. Meist erreichen sie aber irgendwann das Ende der Fahnenstange und kriegen kein Geld mehr – weder von der Bank, noch von Freunden oder Familie. Dann heisst es: Trag erst einmal deine Schulden ab, bevor du neue Ausgaben ins Auge fasst! Für viele Schuldner beginnt in einem solchen Moment die Rettung aus dem Schuldensumpf.

In der Politik ist Leben auf Pump offensichtlich einfacher als im Privaten. Wir können Schulden und Schulden und Schulden machen – und niemand hält uns dabei auf. Seit 1990 ist unsere Staatsschuld von 98 auf 250 Milliarden Franken angewachsen. Das sind 250 000 Millionen, oder anders ausgedrückt: Jeder der etwa drei Millionen Haushalte der Schweiz stünde bei einer gleichmässigen Verteilung der Staatsschuld mit etwa 85 000 Franken in der Kreide. Tag für Tag muss der Bund 21 Millionen Franken an Schuldzinsen abliefern. Stellen Sie sich mal vor, was sich mit diesem Geld alles machen liesse! Selbst wenn wir ab sofort jedes Jahr 5 Milliarden Franken unserer Schuld tilgten, bräuchten wir 50 Jahre bis zu einem ausgeglichenen Saldo. Aber wie sollten wir auch 5 Milliarden Franken – oder nur die Hälfte davon – an jährlichem Überschuss generieren – wo wir doch immer noch das Geld mit beiden Händen ausgeben und die Staatsschuld in noch schwindelerregendere Höhen treiben!

Ich habe eine kleine Liste jener Geschäfte zusammengestellt, die das Parlament jetzt oder bald diskutiert und die unter Umständen erhebliche Folgekosten nach sich ziehen. Dieser – sicher unvollständige Überblick – wird vielleicht manche von Ihnen zur Frage provozieren: Ist die Schweiz noch zu retten?

Sozialwerk	Ausbauwünsche	Kosten
AHV	Flexibles Rentenalter	Je nach Ausgestaltung bis zu 1.6 Milliarden Franken
	13. AHV Rente	2.5 Milliarden Franken
	Rentenerhöhung auf 3000 Franken	Die derzeitige durchschnittliche Rente beträgt 1600 Franken. Die Kosten der Forderung sind demgemäss absurd.
BVG	Zweites Massnahmenpaket sieht zusätzliche Arbeitnehmer- und Arbeitgeberbeiträge vor	unbekannt
Erwerbsersatzordnung	Mutterschaftsversicherung/ Soldanpassung	100 Millionen
Ergänzungsleistungen	Parlamentarische Initiative Fehr/ Meier-Schatz (EL für Familien in bescheidenen Verhältnissen)	990 Millionen

Familien-politik	Parlamentarische Initiative Fankhauser (Kinderzulagen)	1 Milliarde
	Initiative Travail Suisse (Kinder.zulagen)	5.5 Milliarden
Gesamtkosten der Maximalforderungen		11,6 Milliarden*

* (nicht einberechnet die Mehrkosten für AHV-Rente auf 3000 Franken sowie das zweite Massnahmenpaket BVG)

Beginnen wir bei den ganz grossen Brocken. Momentan ist die AHV gesichert. Ab 2010 aber werden sich ihre Finanzen jedoch rapide verschlechtern – weil bekanntlich immer mehr Rentner immer weniger Erwerbstätigen gegenüberstehen. Ohne Gegensteuer wird die AHV laut Bundesrat bis ins Jahr 2020 einen Schuldenberg von 24 Milliarden Franken auftürmen! Und wie reagiert die heutige Politikergeneration darauf? Statt alle Hebel in Bewegung zu setzen, die AHV auf eine finanziell gesunde Basis zu stellen und für die Zukunft fit zu machen, wollen Linke und Gewerkschaften sie noch weiter ausbauen – und so noch tiefer ins Schuldenloch stürzen! Sie fordern ein flexibles Rentenalter, eine 13. AHV-Rente, die Erhöhung der Mindestrente auf 3000 Franken. Wie Sie der Liste entnehmen können, würde allein die Einführung einer 13. AHV-Rente jährliche Mehrkosten von rund 2,5 Milliarden Franken verursachen. Wer soll das alles bezahlen? Vor allem, wenn niemand mehr da ist, den man schröpfen kann, weil alle starken Unternehmen wegen unserer viel zu hohen Staatsquote das Weite gesucht haben?

Und wer soll für all die anderen kleineren und riesigen Begehrlichkeiten, die heute im Parlament herumgeistern, dereinst geradestehen? In Bern wird gegenwärtig die Schaffung von Ergänzungsleistungen für Familien in bescheidenen Verhältnissen diskutiert. Kostenpunkt: Knapp eine Milliarde Franken im Jahr. Ferner will man die Familienzulagen vereinheitlichen. Vorgeschlagen wird eine Kinder- und Ausbildungszulage von bis zu 250 Franken pro Kind, unabhängig davon, ob der anspruchsberechtigte Elternteil voll oder einer Teilzeit arbeitet. Geschätzter Kostenpunkt: ebenfalls rund eine Milliarde. Und als sei mit all diesen Massnahmen nicht genug umverteilt, fordern die Gewerkschaften per Volksinitiative Kinderzulagen von 450 Franken pro Kind. Die Annahme der Vorlage würde jährliche Kosten von mehr als 5 Milliarden Franken verursachen!

Milliarden, Milliarden

Wir müssen uns, ironisch gesagt, aber gar nicht so viel Mühe geben, um unseren Staat in den finanziellen Kollaps zu reiten. Man betrachte nur einmal das Gesundheitswesen: Noch ehe die finanziellen Folgen der demographischen Entwicklung voll zum Tragen kommen, ist die Kostensteigerung im Gesundheitswesen bereits drückend. Seit Einführung des Krankenversicherungsgesetzes (KVG) im Jahre 1996 sind die Gesundheitskosten jährlich um rund 5 Prozent gestiegen. Diese Kostensteigerung wird nach Einschätzung von Santésuisse, dem Branchenverband der Krankenversicherer, anhalten, sollte nicht Gegensteuer gegeben werden. Eine jährliche Kostensteigerung von 5 Prozent bedeutet nichts anderes als eine Verdoppelung der Kosten alle 16 Jahre! Experten gehen davon aus, dass unser Gesundheitswesen im Moment jährlich fast 50 Milliarden Franken kostet – das wären dann 100 Milliarden im Jahre 2020!

Doch es kommt noch dicker. Denn mit diesem Rechenbeispiel wird nur die halbe Wirklichkeit beleuchtet. Es stimmt zwar, dass die Gesundheitskosten seit Einführung des KVG um jährlich durchschnittlich 5 Prozent gestiegen sind. Manche von Ihnen werden die Steigerung viel grösser empfunden haben – zu Recht! Denn wenn die Gesundheitskosten steigen, müssen die Krankenkassen laut Gesetz auch ihre Reserven entsprechend aufstocken und die Rückstellungen erhöhen. Diese Mehrausgaben werden auf die Prämien geschlagen. Das schenkt ein. Santésuisse geht von einem Faktor von 1,4 aus, das heisst: Steigen die Gesundheitskosten um 1 Prozent, so erhöhen sich die Prämien um 1,4 Prozent. Eine durchschnittliche Kostensteigerung im Gesundheitswesen von 5 Prozent bewirkt also eine durchschnittliche Prämienerhöhung von rund 7 Prozent. Bei dieser Steigerung verdoppeln sich die Gesundheitskosten alle 12 Jahre.

Wir Geldvernichter

Ich habe mich bei meinem Blick in unsere finanzielle Zukunft bewusst auf wenige Bereiche beschränkt. Die Liste der Geldvernichtungsmethoden ist aber endlos. Denken wir nur an die unzähligen Widersprüche im Subventionsdschungel. Der Staat subventioniert sowohl den Tabakanbau als auch Kampagnen, mit denen der Tabakgenuss eingeschränkt werden soll. Denken wir an die aufwendige Renovation von öffentlichen Bauten, die dann aber nicht benutzt wurden. Denken wir an die Bildung. Gigantische Summen wurden in die Umwandlung der höheren Fachschulen in Fachhochschulen gesteckt – gebracht hat das kaum etwas.

Dass auch in der Verwaltung allzu leichtfertig mit den Steuermitteln umgegangen wird, zeigt etwa die Praxis der «goldenen Fallschirme» – die hohen Abfindungen für Leute, die ihren Posten räumen müssen. Goldene Fallschirme sind auch in der Privatwirtschaft nicht zu befürworten, besonders störend sind sie aber in der Verwaltung, weil sie hier mit Steuermitteln finanziert werden.

Die Verwaltung abzuspecken dürfte alles andere als einfach sein: Erkämpfte Privilegien gibt man nicht mehr gern her. Dies zeigt die aktuelle Diskussion um den Stellenabbau beim Bund. Grossartig wird verkündet, nun finde ein Stellenabbau statt. Gleichzeitig aber verabschiedet der Bundesrat eine Verordnung, welche das Vorgehen dabei genau regelt und die derart restriktiv formuliert ist, dass ein echter Abbau von Stellen kaum möglich sein dürfte.

In unserem Nachbarland Deutschland macht zurzeit das Wort vom «kranken Mann Europas» die Runde. Deutschland, noch vor wenigen Jahren eine führende Wirtschaftsmacht, darbt. Das unkontrollierte Wuchern des Sozialstaates, die institutionalisierte Macht der Gewerkschaften, die astronomischen Arbeitskosten haben die stolze Industrienation in die Knie gezwungen. Nachzulesen ist das in den beiden ausgezeichneten Büchern «Ist Deutschland noch zu retten» von Hans-Werner Sinn und «Deutschland – Der Abstieg eines Superstars» von Gabor Steingart. Die Schweiz ist auf dem besten Weg, dem grossen Nachbarn zu folgen. Stellen wir uns den Tatsachen: Unser Wohlfahrtsstaat geht aus dem Leim. Wir müssen handeln. Noch ist es nicht zu spät.

Wir müssen sparen – aber dürfen nicht?

Viele haben erkannt, dass es so nicht weitergehen kann. Wer aber zur Vernunft mahnt, den beschimpft die SP als «neoliberalen Kaputtsparer» und «Zukunftsverhinderer». Ausgerechnet! Die kommenden Generationen werden sich jedenfalls für den finanziellen Scherbenhaufen, den wir ihnen hinterlassen, bedanken. Ich werde manchmal den Eindruck nicht los, viele meiner Kolleginnen und Kollegen im Parlament haben jeglichen Sinn für das finanzpolitisch Machbare verloren – sollten sie ihn je besessen haben. Wenn wir nicht endlich vernünftig werden, erhöhen wir allein in dieser Legislaturperiode den Schuldenberg um 20 Milliarden Franken! Und das, obwohl die Schweizer längst genug haben von hohen Steuern und immer mehr Abgaben. Wenn SP-Präsident Hans-Jürg Fehr die Einführung von Erbschaftssteuern, Schenkungssteuern, eine Steuer auf Kapitaltransfergewinne oder Luxusgütersteuern propagiert, zeigt er wenig Gespür für die Nöte und Sorgen einer Mehrheit der Bevölkerung. Wir können den Leuten nicht immer mehr Geld aus der Tasche ziehen! Ich erwarte von verantwortungsvollen Politikerinnen und Politikern, dass sie für die vielen anstehenden Probleme pragmatische Lösungen suchen. Ich weiss, das ist leichter gesagt als getan: Der Souverän verhält sich manchmal sehr zwiespältig, fordert einerseits ständig finanzielle Entlastung, lehnt andererseits aber fast jeden Leistungsabbau ab. Noch einmal: Ist unter all diesen Voraussetzungen die Schweiz zu retten?

10. Ja, die Schweiz ist zu retten!

Arbeit gehört ins Zentrum unserer Ethik – Parteien brauchen Brückenbauer – her mit der departemensübergreifenden Verwaltungsführung!

Ich höre schon die Stimmen jener Leser, die diesem Buch kritisch gegenüber stehen. «Uns geht es doch noch immer gut!» werden sie rufen. Oder: «Wenn es Probleme gibt, kriegen wir die sicher rasch in den Griff!»

Ich wäre froh, dem wäre so. Die Zahl der Ausgesteuerten nimmt kontinuierlich zu, jene der Sozialhilfeempfänger steigt überdurchschnittlich an, ebenso die Ausländerquote. Die Verschuldung nimmt beängstigend zu, die demografische Entwicklung bedroht unsere Sozialwerke, die Innovationskraft ist gering, die Zahl der Invaliditätsfälle explodiert.

Alle Parteien fordern bessere Rahmenbedingungen – zum Beispiel für das Herz der Wirtschaft, die KMU –, der Bundesrat verspricht sie. Doch nichts geschieht – oder viel zu wenig. Dadurch nimmt das Vertrauen in die Politik laufend ab. In der Realität haben die vielen Beschlüsse des Bundesrates leider sehr wenig gebracht. Wie sollten sie auch Veränderungen bewirken können? Unsere Probleme wurzeln im System: Niemand will dem anderen weh tun. Wir versuchen, den Mantel des Schweigens oder sogar des Vergessens über all die wunden Stellen zu breiten.

Trotzdem: Die Schweiz ist noch zu retten! Wäre ich dessen nicht so sicher, hätte ich mich nicht für die Nationalratswahlen aufstellen lassen. Aber damit die Schweiz gerettet werden kann, sind folgende Massnahmen unerlässlich:

1. Arbeit muss ins Zentrum rücken .

   Arbeit ist die Quelle für Wohlstand. Die Politik muss deshalb das Prinzip Arbeit hoch halten. In der Sozialpolitik sind alle Massnahmen zu stärken, die den Betroffenen ins Erwerbsleben zurückführen. Auch Arbeitslose müssen so schnell wie möglich wieder in die Arbeitswelt integriert werden – angebotene Arbeit darf nicht mehr verweigert werden.

2. Der Staat darf nur noch wirklich Arbeitsunfähige unterstützen.

3. Schwarzarbeit ist zu bekämpfen. Und zwar an den Wurzeln. Das heisst: Wir müssen legale Arbeit wieder attraktiver machen – durch geringen administrativen Aufwand und geringe Lohnnebenkosten.

4. Die Sozialwerke dürfen keinesfalls weiter ausgebaut werden – im Interesse der jungen Generation.

5. Der Werk- und Arbeitsplatz Schweiz benötigt dringend flexible Lohnmodelle.

6. Der Perfektionswahn der Verwaltung und die Mentalität, nichts zu verändern, sind sofort zu unterbinden.

Der Bundesrat muss jetzt seine Führungsverantwortung wahrnehmen! Er wird nicht darum herum kommen, unangenehme Entscheide zu fällen und sie konsequent durchzuziehen. Das Parlament soll ihn dabei voll unterstützen. Die beiden grossen Parteien SP und SVP sollten ihre Rollen als automatische Gegenspieler aufgeben und zu einem Minimalkonsens beitragen. Kurz: Bundesrat und Parlament müssen sich bei den wichtigsten Herausforderungen zusammen raufen. Reformen sind schnell anzugehen und schlank umzusetzen. Eigeninteressen sind zugunsten des Gesamtwohls zurückzustellen. Das Parlament braucht einen Mentalitätswandel. Parlamentarier müssen bereit sein, Stimmenverluste oder gar das Risiko der eigenen Abwahl in Kauf zu nehmen. Statt Trägheit benötigen wir einen Aufbruch zu Neuem! Leistung und Freude an der Arbeit gehören für uns alle in den Mittelpunkt. Überparteiliche Brückenbauer sollen mit aller Konsequenz an praktikabeln, manchmal auch schmerzhaften Lösungen arbeiten. Politik und Wirtschaft müssen zur Stärkung des Werk- und Arbeitsplatzes Schweiz am gleichen Strick ziehen. Wir Unternehmer haben uns weniger am Shareholder-value zu orientieren, als vielmehr an innovativen Marktleistungen und am Wohl unserer Mitarbeiter. Gesucht sind Geldgeber und Aktionäre, die nicht nur an schnellen Gewinn denken, sondern vor allem Innovation, Qualität und Ethik in den Vordergrund stellen. Damit entwickelt sich unsere Gemeinschaft wieder erfolgreich, ein sozial geprägter Markt wird sichtbar.

Mein grösstes Sorgenkind bleibt allerdings die Bundesverwaltung. Leider bin ich davon überzeugt, dass bei den heutigen Strukturen nötige Reformen nicht durchgeführt werden können. Es braucht deshalb ein neues Führungsinstrument. Ich schlage vor, eine departementsübergreifende Verwaltungsführung einzurichten – das ist ein Gremium, dem die Bereiche Personal, Finanzen, Informatik und Infrastruktur unterstellt sind. Es soll aus maximal 20 hochqualifizierten Mitarbeitern aus der Privatwirtschaft zusammengesetzt sein. Ihm sollen in den wichtigsten Positionen Persönlichkeiten wie der ehemalige Chef des Staatssekretariates für Wirtschaft, David Syz, oder der ehemalige Generalsekretär des VBS, Juan Gut, angehören. Sie kennen die Verwaltung bestens und wissen, wo Handlungsbedarf besteht und wo die grössten Widerstände zu befürchten sind. Als Leiterin dieses Gemiums schlage ich Frau Dr. Pia Stebler vor, Chefin des Amts für Finanzen und WoV-Projektleiterin des Kantons Solothurn.

Das Gremium sollte durch eine kleine Gruppe von Unternehmer-Parlamentariern kontrolliert werden, am besten unter der Präsidentschaft von Nationalrat Kurt Fluri. Er war Präsident des Projektes «Schlanker Staat» im Kanton Solothurn. Schwierig wird es wohl sein, dieses Gremium einem Bundesrat zu unterstellen. Am ehesten traue ich dem ehemaligen Unternehmer Christoph Blocher zu, über das notwendige Durchhalte- und Durchsetzungsvermögen zu verfügen. Wenn nicht anders möglich, werde ich die Einführung dieses Gremiums – in dieser oder ähnlicher Form – per Motion fordern!

Ich bin gespannt auf die Reaktionen auf meine Vorschläge – bergen sie doch einiges an Zündstoff. Das Wichtigste ist, dass es in der von mir vorgeschlagenen Richtung konsequent vorwärts geht.

Ich möchte noch einmal betonen: Auch wenn ich in diesem Buch oft das Parlament, die Exekutive und vor allem die Verwaltung angegriffen habe, bin ich mir bewusst, dass die derzeitige Verfassung der Schweiz auch eine Folge des bei uns herrschenden Zeitgeistes ist. Unsere Anspruchshaltung dem Staat gegenüber ist viel zu gross. John F. Kennedy, der hoffentlich noch lange nicht vergessene US-Präsident, hat einmal gesagt, man solle sich nicht ständig überlegen, was der Staat für einen tun könne – sondern sich vielmehr Gedanken darüber machen, was man für den Staat tun könne. Ich glaube, wenn wir uns alle nach diesem Gebot verhielten, hätten wir den Karren schnell aus dem Dreck gezogen. Schweizerinnen und Schweizer können mit Schwierigkeiten umgehen – das haben sie in der Vergangenheit oft genug gezeigt. Nun ist es an der Zeit, dies wieder einmal zu beweisen – und endlich richtig anzupacken. Engagieren Sie sich auf politischer Ebene, seien Sie bereit, Eigeninteressen vorübergehend zum Wohl des Ganzen zurückzustellen. Unterstützen Sie die konstruktiven Kräfte in diesem Land. Treten Sie am Arbeitsplatz, bei Freunden und in der Familie für eine wirtschaftlich gesunde Schweiz ein, die auch eine soziale Schweiz sein kann – und eine Schweiz, in der wir alle gerne leben. Ja, ich bin wirklich überzeugt: Die Schweiz kann gerettet werden!

Otto Ineichen, im August 2004

11. Otto Ineichen: Ein-Mann-Bewegung mit breiter Abstützung

Im November 2003 wurde der Surseer Unternehmer Otto Ineichen, der zuvor noch nie ein politisches Amt bekleidet hatte, glanzvoll in den Nationalrat gewählt. Was ist vom Gründer von «Otto's» als Volksvertreter zu erwarten?

Aus der Unternehmerzeitschrift LEADER
Text: Marius Leutenegger

Zum Unternehmen:
Die Otto's AG mit Hauptsitz in Sursee LU ist ein «Kundenmagnet für Schnäppchenjäger» und der grösste Posteneinkäufer Europas. Die Entstehung der Ladenkette, die gegenwärtig 80 Filialen in der Deutsch- und Westschweiz umfasst, geht zurück auf die schweren Unwetter im Tessin von 1978. Damals konnte Otto Ineichen Warenbestände eines stark betroffenen Einkaufszentrums übernehmen; er gründete damit das Unternehmen «Otto's Schadenposten», das aufgrund von Sortimentsveränderungen zunächst in «Otto's Warenposten» und 1999 in «Otto's AG» umbenannt wurde. Seit 1. September 2001 obliegt die operative Leitung der «Otto's AG» Mark Ineichen, einem Sohn des Firmengründers (...); in den nächsten fünf Jahren wird ein jährliches Wachstum von mindestens 10 Prozent angestrebt, 30 neue Filialen sind geplant.

Zur Person:

Otto Ineichen, 63, studierte Betriebswirtschaft an der HSG. 1967 gründete er mit seinem Bruder die Viaca AG in Geuensee, einen Betrieb der Fleischwarenbranche. Als die Firma 1977 veräussert werden musste, verlor Otto Ineichen sein ganzes Vermögen. Mit «Ottos' Schadenposten» wagte er im Jahr darauf einen Neuanfang. 1988 engagierte er sich bei der Bekämpfung der Stadt-Land-Initiative erstmals politisch. 1992 setzte er sich für den Beitritt der Schweiz zum EWR ein und gründete nach dem ablehnenden Volksentscheid die Stiftung «Arbeitsplatz Schweiz», der Spitzenvertreter von Arbeitgeber- und Arbeitnehmerverbänden angehörten. 1994 setzte sich Otto Ineichen für die «Blauhelm»-Vorlage ein, danach trat er gegen eine Erhöhung der Posttarife und für die Stabilisierung der Krankenkassenprämien ein. Die Krönung seiner politischen Laufbahn erlebte Otto Ineichen am 19. Oktober 2003: Er wurde mit dem zweitbesten Resultat im Kanton Luzern als Vertreter der FDP in den Nationalrat gewählt. Otto Ineichen hat in der Vergangenheit durch zahlreiche Publikationen auf sich aufmerksam gemacht. So haben u. a. seine Visionen zur Gesundheitspolitik die schweizerische Politlandschaft kräftig durchgeschüttelt.

Otto Ineichen hat vier Söhne und lebt in Sursee LU.

Müsste man Otto Ineichen mit einem einzigen Begriff assoziieren, drängte sich wohl «Leidenschaft» auf. Der 63-jährige ist ein wahres Energiebündel, das alles, was es anpackt, mit Herzblut verfolgt. Sein Unternehmen «Otto's AG» treibt Ineichen von einem Rekordumsatz zum nächsten und auch in der Politik engagiert er sich mit Leib und Seele – und mit Erfolg:

Im vergangenen November wurde er als FDP-Vertreter

in den Nationalrat gewählt, auf Anhieb mit dem zweitbesten Resultat aller Kandidaten im Kanton Luzern.

Aussenstehende mag das erstaunt haben. Denn Otto Ineichen ist mit seiner zupackenden Art kein Schönfärber, der jede Äusserung sorgfältig abwägt – und schon gar keiner, der um Popularität buhlt. Gerade diese Eigenschaften haben aber zu seinem Erfolg beigetragen. Die Wähler scheinen dem volksnahen Unternehmer zuzutrauen, dass er etwas bewegt. «Ich soll Strukturen aufbrechen und aufzeigen, wo Verbesserungen nötig sind», definiert er den Auftrag, den ihm die Wähler gegeben haben. Niemand erwartet von Otto Ineichen ausgeklügelte politische Visionen oder strategische Konzepte; sein Name steht für praktische Lösungen, das wird jedem klar, der eine der 85 schnörkellosen Filialen von «Otto's» besucht. Wenn es um Greifbares geht, fühlt sich Otto Ineichen, «Europas grösster Posteneinkäufer», in seinem Element; Ideologien interessieren ihn nicht. Längst sei es nötig, über Parteigrenzen hinweg zu denken. «Man muss die Probleme anschauen – und dann für jedes eine gute Lösung suchen», findet Ineichen und stösst gleich zum Kern seiner Anliegen vor: Wie lassen sich die Prämien für die Krankenkasse so schnell wie möglich senken? Wie kann im Bildungswesen die Effizienz gesteigert werden? Und: Wie bringt man Unternehmer dazu, Arbeitsplätze in der Schweiz zu erhalten?

Verantwortung – auf beiden Seiten

«Alles dreht sich letztlich um die Frage: Wie lässt sich unser Lebensstandard langfristig erhalten?», ist Ineichen überzeugt. Ohne zusätzliche Anstrengungen würde die Schweiz von anderen Nationen abgehängt; in vielen Bereichen müsse künftig mehr gearbeitet werden, wolle man konkurrenzfähig bleiben. «Ich rechne mit 2zwei zusätzlichen Arbeitsstunden pro Woche. In der IT-Branche sind beispielsweise besonders starke Korrekturen notwendig, die junge Generation wird hier stark gefordert werden.» Das Ziel aller Anstrengungen: «Kein einziger Arbeitsplatz darf in der Schweiz verloren gehen!» Deshalb müssten auch die Gewerkschaften zu Zugeständnissen bereit sein, glaubt der Nationalrat: «Die Menschen wissen genau, dass es in der Schweiz so nicht weiter gehen kann. Wenn ich mit Angestellten spreche, staune ich immer, wie gross ihre Bereitschaft zu Reformen ist – und auch zu mehr Leistung. Ich glaube nicht, dass die Gewerkschaften die Überzeugung einer Mehrheit wiedergeben.» Ineichen wäre allerdings nicht sich selber, unterstützte oder kritisierte er im Verteilkampf nur eine Seite. «Auch Unternehmer müssen umdenken», findet er. «Der Neoliberalismus muss weg! Ich appelliere an die Verantwortung der Unternehmer, nicht zu kurzfristig zu denken.» Ein neuer Ehrenkodex tue Not. «Damit meine ich nicht, dass wir wirtschaftlichen Heimatschutz betreiben sollten. Aber es bringt nichts, schnell ein paar Arbeitsplätze ins Ausland zu verlagern, weil dort die Lohnkosten tiefer sind. Wir tragen Verantwortung für die Schweiz und ihre Wirtschaft.» Er spüre, dass viele Unternehmer bereit seien, ihre Verantwortung wahrzunehmen. Woher nimmt er diesen Optimismus? Wie so oft aus einem persönlichen Erfolg: «In langen Gesprächen ist mir gelungen, eine Bank davon abzubringen, Arbeitsplätze ins Ausland auszulagern.»

Populär, aber kein Populist

Auch wenn Otto Ineichen seine politischen Ideen mit einfachen Beispielen erläutert, die jeder versteht, und er sich nicht scheut, gewisse politische Forderungen als «Blödsinn» oder «Nonsens» zu brandmarken – ein Populist ist er nicht. Er scheint nicht nach einer bestimmten Klientel zu schielen und gewisse Themen dem Erfolg zuliebe auszuklammern, sondern versucht, möglichst unabhängig seinen Weg zu gehen. «Ich weiss ja gar nicht, ob ich mich in drei Jahren noch einmal zur Wahl stellen werde. Wenn ich im Parlament nichts bewegen kann, verliere ich vermutlich die Lust an diesem Mandat», meint er. Das Parlament sei viel zu wenig unabhängig, findet der Neuling in Bern, der traditionelle Wahlrhythmus lähme den politischen Betrieb, weil die Einarbeitungszeit der Räte ein Jahr in Anspruch nehme und dann schon bald die nächsten Wahlen vor der Tür stünden. «So bemühen sich die Politiker stets, es allen recht zu machen, ja niemandem auf die Füsse zu treten.» Ein Politiker müsse aber bereit sein, auch unangenehme Wahrheiten auszusprechen. Zum Beispiel diese: «Der Zustand der Schweiz ist viel, viel schlechter, als er dargestellt wird.» Was er in den ersten Monaten im Rat gesehen habe, sei schon erstaunlich: «Da werden Gesetze beschlossen, Motionen und Interpellationen eingereicht – und kaum jemand fragt, was das alles kostet. In den wenigen Monaten seit meiner Wahl habe ich erlebt, wie Gesetzesänderungen beschlossen wurden, die Folgekosten von einigen 100 Millionen Franken nach sich ziehen werden.» Das Fass sei in der Schweiz am Überlaufen, so könne einfach nicht weitergemacht werden; trotzdem fehle bei Politikern die Bereitschaft, sich kritisch mit den Problemen auseinanderzusetzen und sich entsprechend zu äussern. Vergangene Woche habe er in einer Kommission klare Worte gesprochen, weil wieder einmal finanziell untragbare Vorschläge gemacht worden seien, erzählt Ineichen. «Ein Mann von der SP hat dann gesagt, er fände meinen Ton zwar nicht gerade passend – aber in der Sache hätte ich Recht!» Support von einem Linken? FDP-Mitglied Ineichen nimmt ihn als Kompliment. Das Erlebnis zeige ihm, dass es im Parlament auch noch andere gebe, die dächten wie er. Und im Bundesrat? Vor einigen Jahren kritisierte Otto Ineichen den damaligen Nationalrat Christoph Blocher scharf; heute findet er, die Zusammensetzung des Bundesrats sei in Ordnung. Besonders die Wahl von Christoph Blocher und Hans-Rudolf Merz habe für neuen Wind gesorgt. «Aber es ist wichtig, dass wir den Kurs nach rechts nicht übersteuern.»

Effizienz als oberstes Prinzip

Als Politiker fokussiert sich Otto Ineichen – wenn man das bei diesem umtriebigen Mann überhaupt sagen kann – gegenwärtig vor allem auf das Gesundheits- und Bildungswesen. «Bei der Bildung scheint es tabu, von Effizienz zu sprechen. Dabei verfolgt Bildung doch letztlich ein Ziel: Sie muss das wirtschaftliche Wachstum ermöglichen.» Man ziele heute viel zu stark auf eine Akademisierung der Gesellschaft ab. In den letzten Jahren sei enorm viel Geld in Fachhochschulen gepumpt worden – «mit dem Resultat, das dort jetzt Überkapazitäten vorhanden sind, die mit Studenten aus dem Ausland aufgefüllt werden müssen». Den Einwand, die Schweiz hinke bezüglich der Maturandenzahl noch immer hinter dem europäischen Durchschnitt her, lässt Ineichen unberührt. «Es ist doch positiv, dass wir viel weniger Maturanden haben. In anderen westlichen Staaten gibt es ein Akademikerproletariat, bei uns nicht.» Auch in der Westschweiz, wo die Arbeitslosigkeit höher sei, gebe es mehr Maturanden als in der Deutschschweiz. «Garantieren mehr Maturanden mehr Wachstum? Dem stehe ich sehr skeptisch gegenüber. Die Schweiz hat ein duales Bildungssystem, um das uns viele Länder beneiden. Bei uns kann ein Junger sich entweder für eine weiterführende Schule oder für eine Berufslehre entscheiden.» Dieses System müsse unbedingt erhalten bleiben, denn «die Akademisierung zielt an den Bedürfnissen unserer Gesellschaft vorbei. Es nützt nichts, möglichst viele an die Universitäten zu bringen, wenn es gar nicht genug Arbeit für Akademiker gibt.» Er trete aber keineswegs fürs Sparen bei der Bildung ein, betont Otto Ineichen. «Mit geht es einfach darum, dass die Mittel effizient eingesetzt werden. Ich bin überzeugt: Mindestens 20 Prozent der Gelder, die wir für die Bildung ausgeben, verpuffen wirkungslos. Auch in der Ausbildung soll es Wettbewerb geben, die besten Schulen und Universitäten müssen das Geld kriegen.» Doch leider sei Leistung inzwischen verpönt – «das beginnt schon in der Primarschule, wo man versucht, die Kinder vom Leistungsdruck fern zu halten. Das ist doch keine Vorbereitung auf die Berufswelt, keine praxisnahe Ausbildung!» Ausserdem werde in der Schweiz ein Perfektionismus betrieben, der überhaupt nicht mehr zeitgemäss sei. «Nehmen Sie zum Beispiel die Tagesschulen. Die sind längst eine Notwendigkeit, aber im heutigen System lassen sie sich kaum finanzieren. Dabei muss man sich einfach etwas einfallen lassen. In der Nähe vieler Schulen gibt es ein Altersheim. Dort essen die Pensionäre zwischen 11 und 12 Uhr – dann können die Kinder kommen, dadurch lässt sich die gleiche Infrastruktur doppelt nutzen und es findet erst noch ein Austausch zwischen den Generationen statt. Mehr noch: Man kann Pensionäre, die gerne etwas tun, in die Arbeit einbeziehen.» Er selber habe sich für eine solche Lösung im Jugendwerk Don Bosco in Beromünster eingesetzt, die jetzt «fantastisch funktioniert. Das zeigt mir: Wir können erfolgreich sein, wenn wir zu mehr Einfachheit zurückfinden.»

«Ein Geben und Nehmen!»

Otto Ineichen, der Praktiker. In Sursee macht er sich seit langem für Lösungen stark, die in seinem Sinne liegen, weil sie effizient sind. Vor einigen Jahren wurde eine neue Stadthalle gebaut. Geplant war ursprünglich ein Projekt für rund 60 Millionen Franken. Ineichen setzte sich mit dem erfolgreichen Unternehmer Karl Hoppler, CEO der Bison Systems Sursee, zusammen. Sie prüften Alternativen – und erreichten schliesslich, dass man ein Bauvorhaben von Olten übernahm und damit die Kosten fast halbieren konnte. Eine typische Unternehmer-Lösung: Sie war pragmatisch und wirkte sich schnell und konkret aus. Auch im Gesundheitswesen strebt Nationalrat Ineichen solche Lösungen an. Im Jahr 2001 analysierte er in einer Broschüre den Zustand des Gesundheitswesens. Fazit: Dieses sei enorm aufgebläht. «Jedes kleine Spital verfügt heute über teure Apparate, die kaum ausgelastet sind. Es gibt zu viele Spitäler, die Herzoperationen machen, und auch zu viele medizinische Fakultäten.» Niemand, der heute Einfluss auf die Kosten habe, sei daran interessiert, diese tief zu halten: Weder der Arzt, der natürlich gerne hohe Rechnungen schreibe, noch der Patient, der für seine Prämien einen Gegenwert einfordere, oder die Apotheken, die an teuren Medikamenten mehr verdienten als an Generika. Das Gesundheitswesen der Schweiz fördere das Ausgabenwachstum geradezu. Die Folge: Vor allem Kleinverdiener würden von den viel zu hohen Prämien überfordert. Der Ansatz, deren Prämien zu subventionieren, sei zwar gut gemeint, biete aber einen falschen Anreiz, glaubt Ineichen. «Das zwingt die Leute, ein gewisses Einkommen nicht zu überschreiten, weil sie sonst die Vergünstigungen verlieren könnten. Ich weiss von Fällen, in denen Arbeitnehmer wünschten, Lohnerhöhungen in nicht monetärer Form ausbezahlt zu bekommen.» Je weniger jemand für Leistungen bezahlen müsse, desto weniger Bezug zu den Kosten sei auch vorhanden. Jemand, der weder Steuern, noch Krankenkassenprämien bezahlen müsse, verliere das Interesse am Staat.

Damit will sich Otto Ineichen aber nicht dafür stark machen, die unteren Einkommensklassen noch stärker zur Kasse zu bitten. «Man darf auf keinen Fall zusätzlichen Druck auf die ausüben, die sehr wenig verdienen. Es gibt eine Grenze, wo es keine Belastungen mehr verträgt. Gerade darum ist es auch wichtig, das Gesundheitswesen zu entschlacken, damit Prämien wieder bezahlbar werden.» Und wie soll das konkret gehen? Ineichen meint, alle Beteiligten müssten gewisse Abstriche in Kauf nehmen. Die Krankenkassen sollten die Ärzte, mit denen sie zusammenarbeiten, nach marktwirtschaftlichen Kriterien aussuchen können. Ärzte dürften bei gleicher Wirkung nur noch das günstigste Medikament verschreiben. Die Pharmaindustrie müsse man verpflichten, kleinere, therapiegerechtere Packungen anzubieten. Spitzenmedizin dürfe nicht mehr von den Kantonen, sondern müsse vom Bund geplant und finanziert werden, um ein Überangebot zu verhindern.

Und so weiter – Otto Ineichens Ideenliste ist lang. Sie ist kein ausgefeiltes Strategiepapier, sondern eher eine Anleitung, wie man mit kleinen Schritten die Effizienz eines Systems erhöhen – und es dadurch im Sinne der Erfinder erhalten kann (…) Dazu, so seine Überzeugung, müssen alle beitragen: «Alles ist ein Geben und Nehmen – und jeder steht in der Pflicht, sich um Verbesserungen zu bemühen!»

Anhang

Überparteiliche Arbeitsgruppe Gesundheitswesen

Reformansätze zum schweizerischen Gesundheitswesen
unter besonderer Berücksichtigung des KVG

Kernteam: Christine Egerszegi-Obrist, Nationalrätin (FdP/
AG), Präsidentin, Roland Borer, Nationalrat (SVP/SO), Ruth
Humbel Näf, Nationalrätin (CVP/AG), Otto Ineichen, Natio-
nalrat (FdP/LU), Initiator der Arbeitsgruppe, Simonetta
Sommaruga, Ständerätin (SP/BE).

Begleitender Experte: Willy Oggier, Gesundheitsökonom,
Zürich

Mai 2004

1. Einleitung

Spätestens seit Einführung des eidgenössischen Krankenversicherungsgesetzes (KVG) am 1. Januar 1996 ist das schweizerische Gesundheitswesen politisches Dauerthema. Jeder
Versuch, auch nur Details am gegenwärtigen System zu verändern, stösst in der Regel auf heftige Opposition – nicht selten auf solche aus ganz unterschiedlichen Lagern.

Nach der Ablehnung der 2. KVG-Revision im Dezember
2003 wurde klar, dass die drohende Reformblockade nur
durch parteiübergreifende Zusammenarbeit verhindert werden kann. Auf Initiative des neu ins Parlament gewählten

Unternehmers Otto Ineichen erklärten sich Parlamentarier-innen und Parlamentarier aus allen 4 Bundesratsparteien zur gemeinsamen Erarbeitung von Reformvorschlägen bereit. Ein Kernteam aus dieser Gruppe entwickelte mit einem Experten das vorliegende Konzept und trägt es gemeinsam. Die empfohlenen Massnahmen entsprechen einem Konsens, dem sich alle an der Arbeit beteiligten Parlamentarierinnen und Parlamentarier anschliessen können. Es wäre wünschenswert, dass dieses Paket nicht auseinander gebrochen, sondern integral in eine KVG-Teilrevision überführt wird.

Die Arbeitsgruppe hat für die gewaltigen Herausforderungen im Gesundheitswesen auch langfristige – und sozial tragbare – Lösungen gesucht. Sofern diese vor allem das KVG betreffen, werden sie jeweils im Anschluss an die bald zu realisierenden Massnahmen erläutert. Einige langfristige Ansatzpunkte gehen über das KVG hinaus und sind am Schluss dieses Konzepts aufgeführt (Punkt 5).

2. Kurz-Analyse des Ist-Zustands

Die Problematik des schweizerischen Gesundheitswesens ist vielschichtig und muss differenziert betrachtet werden. Dennoch lassen sich darüber einige Kernaussagen machen:
- Das schweizerische Gesundheitswesen ist teuer – absolut und relativ. Die Pro-Kopf-Ausgaben liegen, berechnet nach kaufkraftbereinigten US-Dollars, nirgends in Europa so hoch. Der prozentuale Anteil des Gesundheitswesens am Bruttoinlandprodukt ist europaweit nur in Deutschland ähnlich hoch wie in der Schweiz.
- Die Kostenspirale dreht sich weiter: In den letzten Jahren sind die Ausgaben für das Gesundheitswesen stärker gestiegen als Löhne und Preise.

- Noch schneller als die gesamten Gesundheitskosten wachsen die Krankenversicherungs-Prämien. Immer mehr Menschen bekunden heute Mühe, diese überhaupt noch bezahlen zu können.

- Die hohen Kosten lassen sich leider nicht unbedingt mit hoher Qualität gleichsetzen: Es gibt Hinweise darauf, dass unser Gesundheitswesen teilweise qualitativ schlechter abschneidet als jenes in Ländern, die weniger Geld dafür bereit stellen. Ein Mangel an Transparenz verunmöglicht allerdings systematische Vergleiche.

- Im heutigen System ist kaum ein Leistungserbringer daran interessiert, die Ausgaben tief zu halten, denn wer kostenbewusst agiert, wird in der Regel durch geringere Erträge bestraft. Umgekehrt werden vielerorts höhere Kosten mit höheren Tarifen belohnt.

- Viele Patientinnen und Patienten verspüren wenig Anreiz zu kostenbewusstem Verhalten und beziehen für die stets steigenden Prämien einen möglichst hohen Gegenwert.

- Die Zusammenarbeit zwischen den Kantonen, die einen grossen Teil des Gesundheitswesens finanzieren, ist teilweise mangelhaft. Das führt beispielsweise dazu, dass weiterhin Spitäler betrieben werden, deren Grösse unterhalb einer betriebswirtschaftlich sinnvollen Schwelle liegen.

- Entscheide werden häufig von jenen Akteuren gefällt, welche die sich daraus ergebenden Kosten nicht tragen müssen. Diese Trennung von Entscheidungs- und Finanzierungsverantwortung scheint das Ausgabenwachstum zusätzlich zu fördern.

3. Grundlegende Überlegungen zu den Massnahmen

Mit den Vorschlägen, die wir in diesem Konzept präsentieren, möchten wir die medizinische Versorgung aller Menschen in der Schweiz zu vertretbaren Kosten sichern. Weiter wollen wir die Qualität des Systems erhöhen – und ebenso dessen Transparenz, denn sie bildet die Basis für weitergehende Reformen und ermöglicht Versicherten, selber Entscheidungen treffen zu können.

Die Situation im Gesundheitswesen könnte ohne Gegenmassnahmen mittelfristig dramatische Züge annehmen. Wir sind daher der Meinung, dass es in der Diskussion über mögliche Veränderungen keine Tabubereiche geben kann.

Wollen wir das Kostenwachstum nachhaltig eindämmen, müssen wir uns schwergewichtig mit den 3 grossen Kostenblöcken des Gesundheitswesens auseinander setzen: den stationären Leistungserbringern – dazu zählen vor allem somatische Akutspitäler –, den ambulanten Leistungserbringern – vor allem frei praktizierende Ärzteschaft – und den Medikamenten. Die Glaubwürdigkeit eines konsistenten Ansatzes gebietet es, auch Versicherte und Kantone in die Überlegungen einzubeziehen.

Jene Massnahmen, die bei der abgelehnten 2. KVG-Revision einigermassen unbestritten waren und uns noch heute sinnvoll erscheinen, haben Eingang in unser Konzept gefunden. Bei allen Vorschlägen haben wir das politisch Mögliche im Auge behalten; wir sind uns bewusst, dass es oft bessere Lösungen geben könnte, die sich aber zumindest vorderhand kaum umsetzen lassen.

Bei einigen Massnahmen unterscheiden wir zwischen allgemeinen Krankenversicherungen mit freier Arztwahl einerseits und Managed-Care-Modellen mit Budgetverantwortung andererseits. Bei solchen Modellen handelt beispielsweise eine Gruppe von Ärzten mit einer Krankenkasse einen Pro-Kopf-Beitrag für jeden Patienten aus, die so genannte Capitation. Damit müssen sämtliche Ausgaben für die Patienten bestritten werden, auch Spitalaufenthalte oder Spitex-Dienste. Das Ärztenetzwerk ist unter solchen Voraussetzungen daran interessiert, die von ihm betreuten Patienten möglichst kostenbewusst zu behandeln. Arztpraxen, die von den Krankenkassen direkt finanziert werden – so genannte HMO –, sind ähnlich marktwirtschaftlich orientiert. Bei Managed-Care-Modellen liegen Entscheidungs- und Kostenverantwortung beieinander: Der Leistungserbringer agiert auch als Manager.

Das Einsparungspotential solcher Systeme, denen sich mittlerweile 8 Prozent der Bevölkerung der Schweiz angeschlossen haben, bleibt umstritten; Angaben schwanken zwischen 0 und 40 Prozent. In unserem Konzept spielen Managed-Care-Modelle dennoch eine wichtige Rolle; bei einigen Massnahmen ist vorgesehen, gewisse Leistungen bei der obligatorischen Grundversicherung nur noch im Rahmen von Managed-Care-Modellen anzubieten, aber nicht mehr jenen Versicherten, die weiterhin über freie Arztwahl verfügen möchten. Damit erhöht sich die Attraktivität der Managed-Care-Modelle. Im Gegensatz zu den Vorschlägen bei der 2. KVG-Teilrevision bleiben diese Modelle in unserem Konzept aber sowohl für Leistungserbringer als auch für Versicherte freiwillig.

4. Massnahmen nach Bereichen

4.1 Spitäler

Massnahmen:
Die Kriterien für die Spital-Planung der Kantone werden durch den Bund festgelegt. Alle Spitäler, die einen Sockelbeitrag von Krankenversicherung und öffentlicher Hand beanspruchen, unterstellen sich dieser Planungspflicht und einer dual-fixen Spitalfinanzierung – auch private Spitäler und solche der Spitzenmedizin.

Beim heutigen System der so genannt dualen Spitalfinanzierung kommen einerseits die Kantone und Gemeinden, andererseits die Krankenkassen für den stationären Bereich auf – zu welchen Anteilen, legen die Kantone fest. Dieses System hat die Zersplitterung des Gesundheitswesens gefördert und zu einem Angebot geführt, das nicht den schweizweiten Bedürfnissen entspricht. Ausserdem wird das heutige System von einer Kostenorientierung geprägt – man finanziert nicht Leistungen, sondern Spitäler.

Die von uns vorgeschlagene Massnahme sieht die schweizweite Einführung fixer Preise für festgelegte Leistungen vor. Für öffentliche, öffentlich subventionierte und private Spitäler würden die gleichen Finanzierungsregeln gelten; der Bund könnte eine schweizweit einheitliche Praxis bei der Spitalplanung und der Erstellung von Spitallisten durchsetzen.

Den Bedenken der Privatspitäler, dass Kantone ihre eigenen Spitäler bevorzugt behandeln könnten, wird insofern Rechnung getragen, als der Bund den Kantonen zwingende Vorschriften für die Erstellung der Spitalplanungen und

-listen machen kann. Die Generalklausel kann der Bund etwa nutzen, um die Planung in Versorgungsregionen von 1,0 bis 1,5 Millionen Einwohnern festzuschreiben. Damit könnte er auch einen Beitrag zum Abbau betriebswirtschaftlich und qualitativ unter der kritischen Grösse liegender Einheiten leisten. Es würde aber auch sichergestellt, dass die Kantone die Spitäler nicht nur (mit-)finanzieren, sondern auch einen gewissen Einfluss auf Menge und Kosten der anfallenden Leistungen haben, der bei einer reinen Bundesplanung wegfallen würde. Im Rahmen von Beschwerdeverfahren hat der Bund die Möglichkeit, seinen Kriterien auf dem Sanktionsweg zum Durchbruch zu verhelfen. Dies dürfte dazu führen, dass Kantone bereits bei der Erstellung von Spitalplanungen und -listen von einer erhöhten Rechtssicherheit ausgehen können.

Wir sind davon überzeugt, dass bei den Spitälern insgesamt 20 bis 30 Prozent Überkapazitäten vorhanden sind und bei einer restriktiven Spitalplanung zwischen 750 Millionen und 1,2 Milliarden Franken eingespart werden könnten.

Weitergehende Schritte in einer späteren Phase:
Mittelfristig soll der stationäre Bereich von den Krankenversicherern allein finanziert werden. Das wird aber nur möglich sein, wenn gleichzeitig der Vertragszwang sowohl für den ambulanten, wie auch für den stationären Bereich aufgehoben wird (siehe 6.1). Mit einer so genannten monistischen Finanzierung würde die heute existierende teilweise Trennung von Entscheidungs- und Finanzierungsverantwortung aufgehoben. Es muss jedoch geprüft werden, auf welche Weise die öffentlichen Mittel weiterhin ins Gesundheitswesen fliessen können. Würden diese wegfallen, wäre nämlich von einer weiteren signifikanten – und für viele nicht tragbaren – Prämienerhöhung auszugehen.

4.2 Leistungen

Massnahmen:
Die von Krankenversicherungen finanzierten Leistungen
werden auf ihre medizinische Notwendigkeit hin überprüft;
der Leistungskatalog wird gestrafft, neue kostendämmende
Methoden wie Evidence-based Medecine werden gefördert.
Komplementärmedizinische Leistungen und Gesundheitsförderung werden Grundversicherten nur noch im Rahmen
von Managed-Care-Modellen angeboten.

Der Leistungskatalog der obligatorischen Krankenversicherungen muss einer generellen Überprüfung unterzogen
werden. Noch zu erarbeitende Richtlinien sollen helfen, die
Notwendigkeit einzelner therapeutischer Massnahmen fest-
zustellen und diese allenfalls bezüglich Preis- und Qualitäts-
saspekten zu optimieren.

Es gibt Anzeichen dafür, dass komplementärmedizinische Leistungen häufig nicht als Ersatz, sondern in Ergän-
zung zu schulmedizinischen Leistungen in Anspruch ge-
nommen werden. Freiwillige komplementärmedizinische
Leistungen im Rahmen der Grundversicherung sollen daher
künftig nur noch von Managed-Care-Modellen mit Budgetverantwortung angeboten werden, die solche Doppelspurigkeiten aus eigenem Interesse minimieren werden.

Zusatzangebote der Gesundheitsförderung verteuern
das Gesundheitswesen. Sie sollen künftig ebenfalls nur noch
frewillig im Rahmen von Managed-Care-Modellen unter-
breitet werden. Das erhöht die Attraktivität solcher Systeme
und beseitigt Ineffizienz.

Für Grundversicherte, die sich nicht für Managed Care
entscheiden, soll über das KVG keine Gesundheitsförderung

mehr betrieben werden. Damit kann die heutige ineffiziente Struktur beseitigt werden und der dafür speziell eingezogene Beitrag bei allen Krankenversicherten, was insgesamt etwa 17 Mio Franken ausmacht, kann wegfallen.

Weitergehende Schritte in einer späteren Phase:
In der Schweiz sind verschiedene Einrichtungen für präventive und gesundheitsfördernde Massnahmen zuständig – etwa das BAG, die kantonalen Gesundheitsdepartemente, das Institut für Gesundheitsförderung, diverse Organisationen und Verbände. Hier besteht ein grosser Koordinationsbedarf. Doppelspurigkeiten – beispielsweise bei der Alkohol- und Tabakprävention – müssen erkannt und abgebaut werden.

4.3 Medikamente

Massnahmen:
Sofern es behandlungstechnisch möglich ist, werden Ärzte und Apotheker dazu verpflichtet, nur noch die günstigsten Medikamente oder Generika abzugeben – und nur in therapiegerechten Mengen.

Ärzte und Apotheker haben im heutigen System wenig Anreiz, möglichst günstige Medikamente abzugeben, denn diese schmälern ihren Umsatz. Patienten profitieren ebenfalls kaum von kostenbewusstem Verhalten. Der Einsatz günstiger Medikamente ist jedoch nicht nur bei Generika möglich, sondern auch bei Analogpräparaten ohne wirklichen Zusatznutzen, so genannten Schein-Innovationen.

Mit der Verpflichtung, das jeweils günstigste Medikament zu verschreiben – sofern behandlungstechnisch möglich –, sollen die Generika-Substitution gefördert und die Abgabe von Analogpräparaten eingeschränkt werden. Ausgehend von ausländischen Erfahrungen mit Analogpräparaten ohne Zusatznutzen und dem Einsatz von Generika dürfte das diesbezügliche Kostensenkungs-Potential bei rund 250 Millionen Franken liegen.

Bei Medikamenten können auch Kosten gespart werden durch die Abgabe therapiegerechter Mengen. Viele Medikamente werden heute in zu grossen Packungen angeboten – auch wenn sie die Patienten in vorgeschriebener Weise nutzen, bleiben Restbestände zurück, welche die Krankenversicherer überflüssigerweise finanziert haben. Schätzungen zufolge werden jährlich kassenpflichtige Medikamente im Wert von etwa 250 Millionen Franken weggeworfen. Kleinere Packungen verhindern, dass teure Medikamente im Müll landen.

Wir gehen davon aus, dass der Medikamenten-Abfall durch gezielte Massnahmen um mindestens 20 Prozent reduziert werden kann – das entspricht einem Gegenwert von rund 50 Millionen Franken. Es muss jedoch sicher gestellt werden, dass aufgrund neuer Packungsgrössen keine Preiserhöhungen pro Einheit erfolgen.

4.4 Kostenbeteiligung

Massnahmen:
Der Selbstbehalt wird von 10 auf 20 Prozent erhöht, jedoch ohne gleichzeitige Erhöhung des Maximalbetrags. Für Managed-Care-Versicherte beträgt der Selbstbehalt höchstens 10 Prozent. Durch kostenbewusstes Verhalten können Versicherte ihren Selbstbehalt verringern.

Heute übernehmen Patienten nach Überschreiten der Jahresfranchise – und vor dem Erreichen eines Maximalbetrags – in der Regel 10 Prozent der von ihnen ausgelösten Kosten für Arztbesuche, Spitalaufenthalte, Medikamente und so weiter. Dieser Selbstbehalt soll auf 20 Prozent erhöht werden; damit steigt für die Patienten der Anreiz, preiswerten Behandlungen und Medikamenten den Vorzug zu geben und sich bei «Bagatellerkrankungen» kostenbewusst zu verhalten. Da die Erhöhung des Maximalbetrags, den Patienten beim Selbstbehalt zu leisten haben, nicht vorgesehen ist, werden chronisch Kranke nicht überproportional belastet. Den Krankenversicherern wird es überlassen, folgende weitere Modelle anzubieten, die von den Versicherten freiwillig gewählt werden können:

- Wer sich als Versicherter für ein Managed-Care–Modell entscheidet und dafür gewisse Einschränkungen in Kauf nimmt – vor allem bei der freien Arztwahl –, bezahlt weniger Selbstbehalt.

- Versicherte, die das System der Wechselfranchise wählen, bezahlen ebenfalls einen geringeren Selbstbehalt. Das System der Wechselfranchise besteht aus folgenden Kostenbeteiligungen:

  a) aus einem Betrag je Besuch bei einem Arzt, Chiropraktiker, einem anderen zugelassenen ambulanten Leistungserbringer sowie je Aufenthaltstag im Spital (Franchise);

  b) einem zusätzlichen Betrag je Besuch bei einem weiteren der unter a) genannten Leistungserbringern ohne Überweisung und Notfall (Wechselfranchise);

  c) einem prozentualen Anteil der Kosten, welche die Franchisen und Wechselfranchisen übersteigen (Selbstbehalt).

- Versicherte, die bereit sind, Generika statt Originalpräparate zu beziehen, bezahlen einen geringeren Selbstbehalt auf entsprechenden Produkten.

- Versicherte, die eine elektronische Patientenkarte mit allen Daten führen und den Vertrauensärzten der Krankenversicherer bei Bedarf darin Einblick gewähren, bezahlen einen geringeren Selbstbehalt.

4.5 Prämienverbilligung

Massnahme:
Die Prämienbelastung für die Haushalte darf einen bestimmten Prozentsatz des Haushaltseinkommens nicht überschreiten.

Wenn sicher gestellt wird, dass ein privater Haushalt nicht mehr als 8 Prozent des Haushaltseinkommens für Grundversicherungsprämien zu bezahlen hat und die Kantone für die über die maximalen Bundesbeiträge hinausgehenden Mittel der individuellen Prämienverbilligung vollständig selbst aufkommen müssen, dürfte der Druck auf die Kantone zunehmen, Strukturanpassungen im Spitalsektor zu fördern.

Das Zusammenlegen von Entscheidungs- und Finanzierungsverantwortung hat zur Folge, dass die Kantone ihre Spitalplanung restriktiv durchführen und für nicht zu grosszügige Vorgaben bei der Aufhebung des Vertragszwangs im ambulanten Bereich einstehen – denn eine allfällige Prämienlast der Versicherten durch entsprechende Mehraufwendungen müssten sie teilweise selber finanzieren.

Mittel- bis langfristig könnten so insgesamt 5 bis 10 Prozent der gesamten stationären Spitalkosten eingespart werden, das entspricht 190 bis 380 Millionen Franken.

Es gilt dabei zu bedenken, dass rund 80 Prozent der stationären Leistungen von öffentlichen und öffentlich subventionierten Spitälern erbracht werden. Die vorgeschlagene

Massnahme würde sich momentan nur bei diesen Spitälern auswirken. Bei einer dual-fixen Spitalfinanzierung (wie unter 4.1 beschrieben) fielen die Einsparung wegen des Einbezugs der Privatspitäler höher aus.

5. Weitere Massnahmen, die über das KVG hinaus gehen

5.1 Konzentration der medizinischen Kompetenzzentren

Massnahmen:
Es gibt nur noch 3 Universitätsspitäler in der Schweiz; der Bund finanziert Forschung und Lehre vollständig. Weiter bestimmt der Bund 2 Transplantationszentren und koordiniert den Einsatz medizintechnischer Grossgeräte.

Wird die Anzahl medizinischer Fakultäten auf 3 reduziert – mit entsprechender Reduktion der Ausbildungsplätze –, könnten auch die Facharztausbildungen besser gesteuert werden. Es liessen sich zum Beispiel gezielt jene Studierenden bevorzugen, die sich in der Geriatrie ausbilden lassen.

Die Begrenzung von Lehre und Forschung auf eine limitierte Anzahl Spitäler hilft, aufwändige Diskussionen um die Definition anrechenbarer Kosten bei den Preisverhandlungen der übrigen Spitäler zu vermeiden.

Die Reduktion auf 3 Universitätsspitäler weist im übrigen den Vorteil auf, dass nicht einfach alle bisherigen Standorte nach dem Motto «eine Universität an 2 Standorten» erhalten bleiben – medizinische Fakultäten müssten tatsächlich geschlossen werden.

Die eingesparten Mittel können zumindest teilweise zielgerichtet auf die verbleibenden Fakultäten aufgeteilt werden. Diese sollen mit den zusätzlichen Geldern aber nicht die Anzahl ihrer Studienplätze vermehren, sondern die Qualität der Ausbildung verbessern. Einen weiteren grossen Einfluss auf die Kosten dürfte die Beschränkung auf 2 Transplantationszentren in der Schweiz haben. Auf diese Weise werden Überkapazitäten abgebaut – ebenso durch die Koordination des Einsatzes medizintechnischer Grossgeräte durch den Bund.

5.2 Bündelung der Kräfte in Prävention und Gesundheitsförderung

Massnahme:
Die unterschiedlichen Finanzierungsquellen für Prävention und Gesundheitsförderung bei Bund, Kantonen und Gemeinden werden harmonisiert und allfällige Doppelspurigkeiten abgebaut.)

Prävention und Gesundheitsförderung sind öffentliche Aufgaben und weniger solche von Versicherern. Aufgrund historisch gewachsener Ansätze ist ein wenig transparentes System voller Ineffizienzen und Doppelspurigkeiten entstanden. Eine Harmonisierung dürfte zur Effizienzsteigerung führen.

Die folgenden Vorschläge werden nicht von allen Mitgliedern der Arbeitsgruppe mitgetragen:

6.1 Etappenweise Einführung der vollen Vertragsfreiheit

Massnahme:
Der Kontrahierungszwang wird im ambulanten Bereich (ohne Allgemeinpraktiker) aufgehoben – mit dem mittelfristigen Ziel der vollen Vertragsfreiheit zwischen Versicherern und sämtlichen Leistungserbringern.

Der Kontrahierungs- oder Vertragszwang gilt als eine der Ursachen für die hohen Kosten des schweizerischen Gesundheitswesens. Die Krankenversicherer sind heute verpflichtet, mit allen freiberuflichen Leistungserbringern, die über eine kantonale Berufsausübungsbewilligung verfügen, sowie allen Krankenhäusern und sozialmedizinischen Einrichtungen einen Vertrag abzuschliessen. Unabhängig davon, ob eine Leistung qualitativen und wirtschaftlichen Anforderungen genügt, wird sie zu fest ausgehandelten Tarifen entschädigt.

Krankenkassen haben heute also keinen Einfluss darauf, mit welchen Ärzten und Spitälern sie zusammenarbeiten – und auch nicht darauf, wie sie deren Leistungen vergüten. Die Leistungserbringer hingegen müssen sich aufgrund der vertraglichen Garantien weder qualitativ noch wirtschaftlich bewähren. Ein echter Leistungswettbewerb wird damit verunmöglicht.

Die vollständige Aufhebung des Kontrahierungszwangs hätte zur Folge, dass die Krankenkassen in jedem Fall selber entscheiden könnten, mit wem sie zu welchen Konditionen zu arbeiten bereit sind. Das würde allerdings eine radikalen Abkehr vom bisherigen System bedeuten – mit teilweise ungewissen Konsequenzen.

Wir schlagen vor, einen ersten Schritt in Richtung Aufhebung des Vertragszwangs zu unternehmen, um Erfahrungen sammeln und Ängste abbauen zu können. Das mittelfristige Ziel einer generellen Aufhebung des Kontrahierungszwangs ist aber von Anfang an klar definiert und wird entsprechend kommuniziert.

Beim von uns empfohlenen ersten Schritt wird der Kontrahierungszwang für den ambulanten Bereich aufgehoben – ohne den Einbezug von Allgemeinpraktikern, aber inklusive ambulanter Spitalbehandlungen. Im Gegensatz zum gescheiterten Vorschlag im Rahmen der 2. KVG-Teilrevision soll auf die Formulierung von Vorgaben zu Managed-Care-Modellen mit Budgetverantwortung verzichtet werden. Grundversicherten wird somit der freie Zugang zu den einzelnen Leistungserbringern im ambulanten Bereich garantiert. Im Gegensatz zum Ist-Zustand haben die Versicherten aber nicht mehr zwingend das Recht, unter allen zugelassenen Leistungserbringern auswählen zu können, sondern nur noch unter jenen, die beim jeweiligen Versicherer unter Vertrag sind.

Leistungserbringer, die sich ausschliesslich in Managed-Care-Modellen mit Budgetverantwortung engagieren, unterstehen weiterhin dem Vertragszwang. Diese Bestimmung soll die Leistungserbringer motiveren, sich in solchen Modellen zu engagieren. Gleichzeitig soll diese Bestimmung aber verhindern, dass ein Leistungserbringer eine Minderheit von Versicherten in einem solchen Modell betreut und dennoch den Vertragszwang pauschal garantiert erhält.

Leistungen der so genannt teilstationären oder ambulanten Chirurgie sowie andere Leistungen, die eine Spitalinfrastruktur voraussetzen, gelten – auch wenn sie weniger als 24 Stunden Aufenthalt in einem Spital bedingen – als stationäre Leistungen, die teilweise auch von der öffentlichen Hand übernommen werden. So wird sicher gestellt, dass die Krankenversicherer die kostengünstige ambulante Chirurgie fördern.

Analog zu den Bestimmungen über die dual-fixe Spitalfinanzierung (siehe 4.1) soll der Bund den Kantonen die Kriterien vorschreiben, die sie bei der Formulierung der einzuhaltenden Rahmenbedingungen für die Vertragspartner zur Sicherstellung der Versorgung, der Transparenz, der Qualität und der Wirtschaftlichkeit berücksichtigen müssen.

Zur Vermeidung von marktdominierenden bzw. marktmachtmissbrauchenden Stellungen durch einzelne Vertragspartner soll eine von den Vertragspartnern unabhängige Wettbewerbsförderungs-Instanz geschaffen werden. Diese kann im Geltungsbereich der Aufhebung des Vertragszwangs Verordnungen erlassen, an die sich die Vertragspartner mindestens bis zum rechtskräftigen Entscheid eines Gerichts halten müssen. Damit soll das Vertrauen in die Wettbewerbsmechanismen sowie in die Sicherstellung der Gesundheitsversorgung gefördert werden.

Weitergehende Schritte in einer späteren Phase:
Bei einem Wechsel zu einer alleinigen Finanzierung der Spitäler durch die Krankenversicherer (siehe 4.1) ist sicherzustellen, dass zeitgleich in einem zweiten Schritt auch der Kontrahierungszwang für stationäre Leistungen aufgehoben wird – also für somatische Akutspitäler, Rehabilitations- und Psychiatriekliniken, Pflegeheime und Pflegeabteilungen von Pflegeheimen.

6.2 Krankenversicherer

Massnahme:
Der Risikoausgleich wird um maximal 5 Jahre verlängert.

Das KVG vom 1. Januar 1996 führte den Risikoausgleich zwischen den Kassen ein. Dieser sollte dafür sorgen, dass sich nicht einfach die Kassen mit den kostengünstigsten Risiken im Wettbewerb durchsetzen, sondern diejenigen, die ein besseres Kostenmanagement betreiben.

Aus Sicht der Arbeitsgruppe hat sich der Risikoausgleich als wenig effizientes System der finanziellen Umverteilung erwiesen. Es scheint letztlich nicht möglich, die Kostendifferenzen zwischen einzelnen Versichertenkollektiven über Risikofaktoren vollständig erklären zu können. Die im Verhältnis zum administrativen und finanziellen Aufwand generierten Effekte sind bescheiden.

Über den Aufnahmezwang der Versicherer im Rahmen der obligatorischen Krankenversicherung ist zudem sichergestellt, dass auch Versicherte mit schlechten Risiken zu einem günstigeren Versicherer wechseln können. Dies ist selbst dann der Fall, wenn dieser über Versicherte mit ausschliesslich guten Risiken verfügte. Entsprechend kann ein funktionierender Markt in diesem Bereich auch zu Risiko- und damit Prämienangleichungen führen.

Ein Teil der Arbeitsgruppe plädiert daher für eine Aufhebung des Risikoausgleichs in spätestens 5 Jahren. Die Krankenversicherer können diese Frist nutzen, um sich auf den Wegfall des Risikoausgleichs vorzubereiten.

7. Schlusswort

Wieviele der rund 47 Milliarden Franken, die in der Schweiz jährlich für das Gesundheitswesen ausgegeben werden, lassen sich bei effizienter Umsetzung der hier vorgestellten Massnahmen einsparen? Eine exakte Bezifferung des Sparpotentials bleibt aufgrund der komplexen Thematik und unbekannter Einflüsse wie zum Beispiel der medizinischen Entwicklung höchst spekulativ. Mit Sicherheit ist das absolute Sparpotential erheblich; wo immer möglich, haben wir versucht, entsprechende Angaben zu machen.

Wir wissen: Die von unserer überparteilichen Arbeitsgruppe präsentierten Vorschläge kommen keiner Revolution
gleich. Wir erheben auch nicht den Anspruch, das schweizerische Gesundheitswesen grundsätzlich umzukrempeln und
auf eine ganz neue Basis zu stellen. Die vorgestellten Massnahmen sind aber breit abgestützt und unseres Erachtens
notwendige Schritte in die richtige Richtung. Die Auflistung
weitergehender Massnahmen zeigt zudem auf, wie sich das
Gesundheitswesen und die politischen Rahmenbedingungen
langfristig entwickeln sollten. Die Arbeitsgruppe wird ihre
Arbeit en weiterführen.

Interpellation zur Pensionskasse des Bundes

04.3345 – Interpellation.
**Pensionskasse des Bundes. Weichenstellung für die Zu-
kunft**

Eingereicht von: Ineichen Otto

Einreichungsdatum: 16.06.2004

Eingereicht: im Nationalrat

Stand der Beratung: Im Plenum noch nicht behandelt

Eingereichter Text:
Die berufliche Vorsorge des Bundespersonals entspricht
nicht mehr der heutigen Realität.
  Bezüglich Frühpensionierungen und generellen Leistungen steht sie im krassen Widerspruch zur überwiegenden

Mehrheit der Privatwirtschaft. Insbesondere die Frühpensionierungen stehen auch im Widerspruch zu einer immer wieder diskutierten Erhöhung des Pensionierungsalters.

Die heutige Ausgestaltung führt zu enormen zusätzlichen Defiziten für die Bundeskasse.

Beitragsprimat:

1. Ist der Bundesrat bereit, in Anbetracht der sich prekär anhäufenden Defizite die Vernehmlassungsvorlage für die Umstellung auf das Beitragsprimat auf Ende 2004 vorzuziehen und die Umstellung spätestens auf 2006 in Kraft zu setzen?

Frühpensionierungen:

2. Ist der Bundesrat bereit, die heute bestehenden Anreize zum freiwilligen vorzeitigen Rücktritt ab 60 bis Ende 2004 zu korrigieren?
3. Ist der Bundesrat bereit, das Rücktrittsalter zum Bezug der vollen Rente bis Ende 2004 um mindestens zwei Jahre zu erhöhen?
4. Ist der Bundesrat bereit, die Renten bezüglich freiwilligem vorzeitigen Rücktritt bis Ende 2004 angemessen zu Lasten der vorzeitig Pensionierten zu kürzen?
5. Ist der Bundesrat bereit, freiwillig Frühpensionierte nicht mehr zu ersetzen?

Interdepartementale Stellenbörse:

6. Ist der Bundesrat bereit, unverzüglich innert 2 Monaten eine interdepartementale Stellenbörse zu schaffen?

Gespräche mit Personalgewerkschaften:

7. Ist der Bundesrat bereit, sofort mit den Personalgewerkschaften der öffentlichen Hand konkrete Verhandlungen
   zu führen unter Einbezug von Brückenbauern aus dem
   Parlament?

Begründung:

Die Schweizer Bevölkerung findet es stossend, dass die Renten bei den Bundespensionskassen weit über dem Durchschnitt derjenigen der KMU-Versicherten liegen. Sie versteht
es umso weniger, als die KMU-Versicherten im BVG-Bereich
laufend höhere Prämien und tiefere Renten in Kauf nehmen
müssen. Sie hat Mühe mit der Haltung des Bundesrates, die
tendenziell die Versicherungslobby schützt, damit den Wettbewerb behindert und die Versicherten bestraft.

Der Bundesrat spricht vom Streichen der Stellen bei der
Verwaltung, während Herr Peter Hablützel, Leiter des eidg.
Personalamtes, selbst befürchtet, dass im Jahr 2004 die Bun-
desstellen nochmals ansteigen werden.

Während man auf der einen Seite laufend neues Personal
einstellt, wird andererseits die Bundesverwaltung von einer
Frühpensionierungswelle besonders bei den Bestverdienen-
den heimgesucht. Diese Abgänge verursachen immense zusätzliche Kosten. Sie sind unsozial, nsbesondere auch den
Kleinverdienern des Bundespersonafs gegenüber. Für die
Steuerzahler ist dies ein Affront.

Es ist falsch, Anreize zum früheren Rückzug aus dem Berufsleben zu setzen. Die Öffentlichkeit fragt sich, wieso dieses Privileg ausschliesslich den gut bezahlten Kaderleuten
zukommt.

Mit der Erhöhung des Rücktrittsalters zum Bezug der
vollen Rente um mindestens zwei Jahre kann eine Gleich-

stellung mit der Privatwirtschaft erreicht werden, deren Kostenersparnis enorm wäre. Da das Wirtschaftswachstum heute stagniert, muss auch beim Bundespersonal gespart werden. Eine generelle Lohnkürzung zum Beispiel könnte soziale Probleme bei den Betroffenen hervorrufen. Daher ist es sinnvoller, eine solch überhöhte Leistung zu kürzen.

Die vorzeitige Pensionierung sollte nur noch als völlige Ausnahme möglich sein bei Personal, das aus gesundheitlichen Gründen ausscheiden muss, oder wenn ein Arbeitsplatz gestrichen wird. Keinesfalls sollte ein solcher Arbeitsplatz wieder besetzt werden.

Die grössten Ersparnisse wird jedoch ein schneller Übergang zum Beitragsprimat bringen, der längst überfällig ist.

Amtliches Bulletin – die Wortprotokolle

Zuständig
Finanzdepartement (EFD)

Mitunterzeichnende
Baumann J. Alexander – Bezzola Duri – Bigger Elmar – Bignasca Attilio – Borer Roland – Brunner Toni – Bugnon André – Bührer Gerold – Dunant Jean Henri – Dupraz John – Egerszegi-Obrist Christine – Eggly Jacques-Simon – Fattebert Jean – Fehr Hans – Germanier Jean-René – Giezendanner Ulrich – Glur Walter – Gutzwiller Felix – Gysin Hans Rudolf – Hassler Hansjörg – Hegetschweiler Rolf – Hess Bernhard – Hutter Jasmin – Hutter Markus – Imfeld Adrian – Jermann Walter – Joder Rudolf – Kaufmann Hans – Keller Robert – Kunz Josef – Laubacher Otto – Leu Josef – Leutenegger Filippo – Loepfe Arthur – Lustenberger Ruedi – Mathys Hans Ulrich – Messmer Werner – Miesch Christian – Mörgeli Christoph – Mül-

ler Philipp – Müller Walter – Oehrli Fritz Abraham – Pagan
Jacques – Parmelin Guy – Pelli Fulvio – Perrin Yvan – Pfister
Theophil – Reymond André – Rime Jean-François – Rutsch-
mann Hans – Schenk Simon – Scherer Marcel – Schibli Ernst
– Schmied Walter – Stahl Jürg – Stamm Luzi – Steiner Rudolf
– Theiler Georges – Triponez Pierre – Veillon Pierre-François
– Waber Christian – Wäfler Markus – Walker Felix – Wasser-
fallen Kurt – Wehrli Reto – Weyeneth Hermann – Wobmann
Walter – Zuppiger Bruno (68)

Deskriptoren:
Pensionskasse des Bundes; vorgezogener Ruhestand; Beitragsprimat; Rente; Berufliche Vorsorge; Stellenbewirtschaf-
tung; Beziehungen zwischen den Sozialpartnern; Führungs-
kraft; Versicherungsleistung;

Motion zu den Rechtsmittelverfahren

03.3606 – Motion.
Rechtsmittelverfahren im Sozialversicherungsbereich *

Eingereicht von: Ineichen Otto

Einreichungsdatum: 16.12.2003

Eingereicht im Nationalrat

Stand der Beratung: Im Plenum noch nicht behandelt

Eingereichter Text:
Der Bundesrat wird eingeladen, das Rechtsmittelverfahren im Sozialversicherungsbereich zu straffen und die Entgeltlichkeit einzuführen. Im Normalfall müssen als Rechtsmittel die Einsprache und die Beschwerde vor dem kantonalen Versicherungsgericht genügen. Der Zugang zum Bundesgericht muss auf grundlegende Rechtsfragen beschränkt werden. Das Verfahren der Einsprache im Sinne von Artikel 52 des Bundesgesetzes über den Allgemeinen Teil des Sozialversicherungsrechtes (ATSG) muss massiv vereinfacht werden.

Begründung:
Die Einführung von Artikel 52 ATSG hat zu einer Flut von Einsprachen geführt. Allein bei der IV sind inzwischen über 13 000 Einsprachen eingereicht worden, die aufwändig begründet und behandelt werden müssen. Es zeichnet sich immer mehr eine Tendenz ab, dass Versicherte ablehnende Entscheide nicht mehr akzeptieren, sondern mit Anwaltshilfe den Instanzenweg ausnützen, um doch noch zu einem vorteilhaften Entscheid zu kommen. Dies wird namentlich begünstigt durch die Kostenlosigkeit des Verfahrens. Gewisse Anwälte haben sich auf solche Fälle spezialisiert und ziehen regelmässig die Gutachter, die Ärzte und Fachspezialisten in Zweifel. In Einzelfällen wird sogar versucht, diese Fachpersonen mit einer Strafanzeige einzuschüchtern.

Das Rechtsmittelverfahren wird immer mehr ausgenutzt und entwickelt sich zu einer kostspieligen und zeitaufwändigen Angelegenheit, die immer mehr Ressourcen bindet. Förderlich dazu ist zum einen die Tatsache, dass Einsprachen und Beschwerden nur rudimentär begründet werden müssen. Zum anderen verpflichtet der Untersuchungsgrundsatz aber die Versicherungsträger und Durchführungsorgane der einzelnen Sozialversicherungen zur umfassenden Abklärung des Tatbestandes. Es werden immer mehr Gutachten und Obergutachten verlangt, was die vorhandenen Kapazitäten erschöpft. Damit werden auch die Verfahrensdauern immer länger, was für alle Beteiligten höchst unbefriedigend ist.

Es drängen sich deshalb drei Massnahmen auf:

Erstens die Straffung des Instanzenzuges: Dies wäre zu erreichen, wenn das Bundesgericht nur noch im Ausnahmefall für grundlegende Rechtsfragen angerufen werden könnte.

Zweitens ist durch eine Anpassung von Artikel 61 ATSG und weiterer Verfahrensvorschriften dafür zu sorgen, dass das Einspracheverfahren wesentlich vereinfacht wird und zu einem summarischen und schnellen Verfahren wird, wie es eigentlich in Artikel 61a ATSG vorgesehen wäre. In diesem Verfahren sollen neue Gutachten und Abklärungen nicht möglich sein. Dafür vorbehalten bleibt die Beschwerde (Artikel 56 ATSG).

Drittens ist die Kostenpflichtigkeit einzuführen, die vor völlig unhaltbaren Beschwerden etwas abschrecken kann. Wenn die Einsprache nur noch summarisch behandelt wird, kann eine kleine Gebühr von z. B. 100 Franken erhoben werden. Ab zweiter Instanz sind jedoch Gebühren mindestens so hoch anzusetzen wie in zivilrechtlichen, kostenpflichtigen Verfahren.

Stellungnahme des Bundesrates 24.03.2004

1. Hinsichtlich der Straffung des Instanzenzuges und der Kostenlosigkeit des Verfahrens vor dem Eidgenössischen Versicherungsgericht (EVG) verweist der Bundesrat auf die laufende Totalrevision der Bundesrechtspflege (01.023). Im

Rahmen dieser Revision ist vorgesehen, auch im Sozialversicherungsrecht die Einheitsbeschwerde einzuführen, was eine verfahrensrechtliche Gleichstellung des Sozialversicherungsrechtes mit dem übrigen Verwaltungsrecht bedeuten würde. Damit würden die heutigen Sonderregeln in Streitigkeiten über Versicherungsleistungen aufgehoben, womit auch Streitigkeiten über Sozialversicherungsleistungen, wie alle anderen Streitigkeiten vor Bundesgericht, grundsätzlich kostenpflichtig würden. Mit einigen Besonderheiten (z. B. Kostenrahmen, Kostenvorschuss) soll jedoch der sozialpolitischen Komponente der Streitigkeiten über Sozialversicherungsleistungen weiterhin Rechnung getragen werden und der verfassungsrechtliche Anspruch auf unentgeltliche Rechtspflege (Art. 29 Abs. 3 BV) sichergestellt bleiben.

Das EVG ist davon überzeugt, dass diese Massnahmen wesentlich zu seiner Entlastung beitragen können, da die Rechtsuchenden veranlasst werden, sorgfältig zu überlegen, ob sie Beschwerde erheben wollen. Insbesondere soll dem Beschwerdetyp "nützt es nichts, so schadet es nichts" ein Riegel vorgeschoben werden. Mit dieser Vorlage, welche zurzeit im Parlament hängig ist, sind die vom Motionär verlangten Massnahmen auf Stufe Bundesgericht bereits eingeleitet. Das Parlament hat es in der Hand, im Rahmen der laufenden Revision diese Massnahmen zu realisieren und allfällige weitere Anpassungen vorzunehmen.

2. Die Begehren betreffend das Einspracheverfahren und die Kostenlosigkeit des Einspracheverfahrens und des erstinstanzlichen Beschwerdeverfahrens beschlagen den Bereich des Bundesgesetzes über den Allgemeinen Teil des Sozialversicherungsrechtes (ATSG).

a. Ein wesentlicher Grund für die generelle Einführung des Einspracheverfahrens im Rahmen des ATSG war u. a., dass damit der Verwaltung eine Möglichkeit zur Selbstkontrolle geboten wird. Wo Verfügungen in grosser Zahl zu treffen sind, besteht auch die Gefahr, Entscheidrelevantes zu übersehen. Die Bedeutung des Einspracheverfahrens liegt darin, dass die entscheidende Behörde ihre Verfügungen nochmals überprüfen kann. Zudem soll eine Entlastung der Gerichtsinstanzen erfolgen und den Versicherten die Wahrung des rechtlichen Gehörs garantiert werden.

Für die IV stellt das Einspracheverfahren eine Neuerung dar. Vor Inkrafttreten des ATSG am 1. Januar 2003 mussten die IV-Stellen die Versicherten vor dem Erlass einer Verfügung mittels Vorbescheid über den beabsichtigten Entscheid orientieren. Dies ergab sich aus dem in Artikel 29 Absatz 2 BV verankerten Anspruch auf rechtliches Gehör, welcher u. a. besagt, dass sich eine Person äussern darf, bevor über ihre Rechte oder Pflichten entschieden wird. Mit dem ATSG wurde der Anspruch auf rechtliches Gehör in der IV im Prinzip nur vom Vorbescheid- ins Einspracheverfahren verlegt.

Mit der Einführung des Einspracheverfahrens ist es den IV-Stellen nun möglich, ohne Vorbescheidverfahren direkt eine Verfügung zu erlassen. Für die Versicherten hat dies den Vorteil, dass sie schneller einen definitiven Entscheid der IV-Stelle erhalten, ohne dass sie dabei einen rechtlichen Nachteil in Kauf nehmen müssen. In Anbetracht der Anzahl, aber auch der Komplexität der durch die IV-Stellen zu behandelnden Dossiers soll die versicherte Person die Möglichkeit haben, dass die Verfügung in einem einfachen und schnellen Verfahren nochmals überprüft werden kann. Dies soll durch die entscheidende Behörde und nicht bereits durch ein Gericht erfolgen.

b. Hinsichtlich der Verfahrenskosten sieht das ATSG vor, dass das Einspracheverfahren kostenlos sein soll, nicht zuletzt deswegen, weil es in diesem Verfahren um Versicherungsleistungen geht, auf welche die versicherte Person bei Erfüllung der Anspruchsvoraussetzungen einen Rechtsanspruch besitzt, welcher von Amtes wegen abzuklären ist. Mit dem ATSG wurde auch das erstinstanzliche kantonale Beschwerdeverfahren vereinheitlicht. Dabei wurde die bereits in den einzelnen Sozialversicherungen vorgesehene Kostenlosigkeit des Beschwerdeverfahrens übernommen. Wie bisher können der versicherten Person bei mutwilliger oder leichtsinniger Beschwerdeführung Kosten auferlegt werden, womit missbräuchlichen Beschwerdeführungen begegnet werden kann.

Die Frage der Kostenlosigkeit des Beschwerdeverfahrens ist bereits Gegenstand eines Postulates der RK-SR (01.3038). Darin wird der Bundesrat gebeten zu prüfen, ob und wie erstinstanzliche Einsprache-, Schlichtungs- oder Mediationsverfahren ausgebaut oder eingeführt werden können, die unentgeltlich sind, und ob dagegen alle Beschwerdeverfahren des Bundesrechtes vor Kantons- und Bundesbehörden entgeltlich auszugestalten sind. Im Gegenzug hat das Parlament aber einer Standesinitiative des Kantons Aargau, welche die Einführung der Entgeltlichkeit der Rechtsmittelverfahren im Sozialversicherungsbereich forderte, keine Folge gegeben (00.301).

c. Das ATSG ist vor einem Jahr in Kraft getreten. Es hat im Bereich der IV zu einer hohen Zahl von Einsprachen geführt, nämlich rund 12 000 für das Jahr 2003. Sollte diese Tendenz anhalten, würden sich Massnahmen aufdrängen, entweder über eine weitere Vereinfachung des Einspracheverfahrens oder über die Aufgabe der generellen Kostenlosigkeit.

Erklärung des Bundesrates 24.03.2004

Der Bundesrat beantragt die Annahme der Motion.

Chronologie:

18.06.2004 NR Bekämpft; Diskussion verschoben.

Amtliches Bulletin – die Wortprotokolle

Zuständig: Departement des Innern (EDI)

Mitunterzeichnende:
Amstutz Adrian – Baader Caspar – Bezzola Duri – Bigger Elmar – Bortoluzzi Toni – Egerszegi-Obrist Christine – Fluri Kurt – Glur Walter – Gutzwiller Felix – Hassler Hansjörg – Hegetschweiler Rolf – Humbel Näf Ruth – Hutter Markus – Kleiner Marianne – Kunz Josef – Laubacher Otto – Leutenegger Filippo – Loepfe Arthur – Lustenberger Ruedi – Mathys Hans Ulrich – Maurer Ueli – Messmer Werner – Mörgeli Christoph – Müller Philipp – Müller Walter – Müri Felix – Noser Ruedi – Oehrli Fritz Abraham – Scherer Marcel – Schibli Ernst – Schlüer Ulrich – Theiler Georges – Triponez Pierre – Wandfluh Hansruedi – Wasserfallen Kurt – Weigelt Peter – Wobmann Walter (37)

Bekämpft von: Gross Jost – Heim Bea – Leutenegger Oberholzer Susanne (3)

Deskriptoren: Sozialrecht; Rechtsschutz; Verfahrensrecht; Vereinfachung von Verfahren; unentgeltliche Rechtspflege; Gerichtskosten; 12; 28;

Interpellation zu Investitionsvorhaben im Detailhandel und Sport

03.3595 – Interpellation.
Blockierung von Investitionsvorhaben im Detailhandel und Sport *

Eingereicht von: Ineichen Otto

Einreichungsdatum: 04.12.2003

Eingereicht im: Nationalrat

Stand der Beratung: Erledigt

Eingereichter Text:
Ich ersuche den Bundesrat um die Beantwortung folgender Fragen:

1. Ist er sich bewusst, dass Projekte insbesondere im Detailhandel durch die Beschwerdeführung einzelner Verbände jahrelang verhindert und dadurch Investitionen in der Grössenordnung von mehreren hundert Millionen Franken blockiert werden? Kann er Angaben über die Zahl der grösseren Projekte und die entsprechenden Investitionssummen machen, die durch Einsprachen an der Realisierung gehindert werden?

2. Wie schätzt er die negativen wirtschaftlichen Folgen dieser Entwicklung ein, da solche Blockaden nicht zuletzt die Schaffung neuer Arbeitsplätze verhindern? Läuft dies nicht den viel beschworenen Bestrebungen des Bundesrates und des Parlamentes zuwider, endlich die lang anhaltende

Wachstumsschwäche der Schweizer Wirtschaft zu überwinden?

3. Wie beurteilt er die Situation im deutschen und österreichischen Grenzgebiet, wo ohne grosse planerische Verzögerungen in erheblicher Zahl neue, teilweise grossflächige Einkaufszentren und Fachmärkte gebaut werden? Entsteht dadurch dem schweizerischen Detail- und Fachhandel nicht ein erheblicher Konkurrenznachteil?

Teilt er die Auffassung, dass auch die Schweizer Landwirtschaft sowie die Nahrungsmittel- und Konsumgüterindustrie darunter leiden, wenn Konsumentinnen und Konsumenten aus der Schweiz immer häufiger in attraktiven Megastores im nahen Ausland einkaufen?

4. In Zürich droht dem vom Volk bewilligten neuen Fussballstadion ebenfalls eine Blockade durch die Einsprachen von Umweltverbänden. Ist sich der Bundesrat bewusst, dass sich die Realisierung dieses Projektes erheblich verzögern könnte, wenn eine Organisation die Beschwerde bis ans Bundesgericht weiterzieht? In diesem Fall würde Zürich als Standort für die Fussball-Europameisterschaft 2008 mit ziemlicher Sicherheit ausfallen. Welches wären die Folgen für den Schweizer Fussball, aber auch für das Image der Schweiz generell? Welche Möglichkeiten sieht er, den Worst Case noch abzuwenden?

5. Dass ausgerechnet die Greina-Stiftung, ein alpiner Landschaftsschutzverband, gegen das grossstädtische Stadionprojekt rekurriert, hat zu Recht viel Unmut ausgelöst. Teilt der Bundesrat die Auffassung des Interpellanten, dass es sich dabei um einen besonders eklatanten Missbrauch des Verbandsbeschwerderechtes handelt?

6. Hat er Kenntnis von den Bemühungen des Bundesamtes für Umwelt, Wald und Landschaft, ein Mediationsver-

fahren zu erarbeiten, das den Einfluss der beschwerdeberechtigten Verbände noch verstärken würde?

Antwort des Bundesrates 25.02.2004

Der Bundesrat nimmt zu den aufgeworfenen Fragen wie folgt Stellung:

1. Das Verbandsbeschwerderecht wurde vom neu gewählten Nationalrat anlässlich der Behandlung der parlamentarischen Initiative Freund 02.441 wiederum bestätigt, so dass der Bundesrat sich zur Existenz dieses Instrumentes hier nicht mehr äussern muss. Zur konkreten Ausgestaltung wird der Bundesrat anlässlich der Behandlung anderer in dieser Sache hängiger Vorstösse Stellung nehmen, namentlich anlässlich der weiteren Behandlung der parlamentarischen Initiative Hofmann Hans 02.436, «Vereinfachung der Umweltverträglichkeitsprüfung sowie Verhinderung von Missbräuchen durch eine Präzisierung des Verbandsbeschwerderechtes», sowie im Rahmen der Beantwortung verschiedener in dieser Sache überwiesener Postulate, die zu einlässlichen verwaltungsseitigen Abklärungen Anlass gaben.

Zum aktuellen Umfang allfälliger Verzögerungen von Projekten wegen Verbandsbeschwerden kann der Bundesrat keine Angaben machen. Das Baubewilligungsverfahren ist weitgehend durch kantonales Recht geregelt. Die Kantone unterliegen bezüglich Ablauf dieser Verfahren inklusive möglicher Einsprachen folglich keiner Meldepflicht an den Bund; der Bundesrat hat auch keinen direkten Zugriff auf entsprechende Daten in Kantonen und Gemeinden. Das Instrument wirkt zudem insbesondere in der Phase vor der Einreichung des eigentlichen Gesuches, was die Erfassung der genannten Wirkungen erst recht erschwert.

Zu beachten ist weiter, dass Projekte nicht nur von Verbänden, sondern insbesondere auch von Privaten und Gemeinden mit Beschwerden bekämpft werden. So hat eine Evaluation des Verbandsbeschwerderechtes durch das Institut für Gesetzesevaluation der Universität Genf (Cetel) im März 2000 ergeben, dass Verbandsbeschwerden verglichen mit Beschwerden von Privaten oder Gemeinden nur einen ausserordentlich geringen Prozentsatz der insgesamt eingeleiteten Beschwerdeverfahren ausmachen.

Der Bericht des Cetel hat weiter gezeigt, dass Verbandsbeschwerden um ein Vielfaches erfolgreicher sind als Beschwerden von Privaten und Gemeinden, wobei eine Beschwerde dann erfolgreich ist, wenn ein angefochtenes Projekt materielle Rechtsvorschriften nicht einhält. Das Verbandsbeschwerderecht erlaubt somit, in kostengünstiger Weise die Rechtskonformität von Vorhaben zu überprüfen. Die Verwirklichung von Projekten, die staatliche Rechtsnormen verletzen, kann nicht im Interesse der Allgemeinheit liegen.

2. Von einer generellen Investitionsblockade kann nicht gesprochen werden, wuchsen die Verkaufsflächen zwischen 1985 und 1995 doch um 35 Prozent (Betriebszählung BFS). Nach Angaben des Marktforschungsinstitutes IHA-GfK AG in Hergiswil ist eine weitere starke Flächenexpansion in Planung (Schätzung geplantes Verkaufsflächenwachstum bei Einkaufszentren bis 2006 von 35 Prozent).

Zu beachten ist weiter, dass zwischen Kantonen und Gemeinden bei der Ansiedlung von Unternehmen an sich eine gewisse Konkurrenzsituation besteht, was die Realisierung von Investitionsvorhaben an neuen Standorten erleichtern kann, jedenfalls soweit eine Auswahl unter möglichen Standorten besteht.

3. Die dichte Besiedelung der Schweiz setzt der Ausscheidung von Zonen, in denen sich bei Bedarf grossflächige Einkaufszentren rasch realisieren lassen, Grenzen. Da den Kantonen für die Nutzung ihres Raumes die primäre Verantwortung zukommt, liegt es an ihnen zu entscheiden, wieweit sie mit vorbereitenden raumplanerischen Massnahmen eine rasche Realisierung grossflächiger Einkaufsmöglichkeiten begünstigen wollen.

Nach Auffassung des Bundesrates lässt der bundesrechtliche Rahmen für solche kantonalen Planungsarbeiten genügend Raum. Dieser Rahmen besteht aus raumplanerischen Vorgaben in Form von Richt-, Nutzungs- und Sachplänen sowie – im konkreten Realisierungsfall – in der Pflicht zur Durchführung einer Umweltverträglichkeitsprüfung für Einkaufszentren mit mehr als 5000 Quadratmeter Verkaufsfläche sowie für gewisse touristische Anlagen und Sportstadien für grosse Anlässe (mehr als 20 000 Zuschauer).

4. Die Durchführung der Fussball-Europameisterschaft im Jahr 2008 (Euro 2008) ist von der Trägerschaft mit Unterstützung der politischen Instanzen der Austragungsorte sicherzustellen. Die Durchführung des Anlasses geniesst allerdings auch die Unterstützung des Bundes. In der Botschaft zum entsprechenden Kreditbeschluss (BBl 2002 2644) wurde ausgeführt, dass die Euro 2008, soweit es den Schweizer Teil der Kandidatur betrifft, in vier neuen Stadien stattfinden soll, wobei bekannterweise dasjenige in Zürich erst in Planung stand. Der Rückgriff auf Neubauten geschah insbesondere auch, um den Auflagen der UEFA genügen zu können.

Mit Blick auf die Unterstützung durch den Bund erwähnenswert ist weiter, dass die vier Anlagen im nationalen Sportanlagenkonzept (Nasak) figurieren und drei der vier Stadien mit Geldern aus dem Nasak unterstützt werden. Das

Nasak verlangt dabei auch im Umweltbereich die Einhaltung klarer Vorgaben für die Gewährung finanzieller Beiträge.

In der genannten Botschaft hat der Bundesrat denn auch einlässlich die Verkehrsproblematik rund um den Anlass dargelegt und eine – positive – Beurteilung des Anlasses unter dem Gesichtspunkt der drei Dimensionen der Nachhaltigkeit vorgenommen. Dazu gehört insbesondere die Erschliessung der Stadien durch leistungsfähige öffentliche Verkehrsmittel. Gemäss den Ausführungen in der genannten Botschaft bemühen sich gleichzeitig die Bauherrschaften um den Einsatz umweltfreundlicher Technologien, insbesondere im Energiebereich (z. B. Photovoltaikanlagen). Dass bei den Stadien die Einhaltung der geltenden Umweltschutzbestimmungen folglich gewissenhaft und in ihrer Gesamtheit geprüft worden ist, dürfte sich positiv auf die Plangenehmigungsverfahren und deren Dauer auswirken und dem Risiko vorbeugen, dass ein Imageschaden für den Schweizer Fussball entsteht.

5. Damit eine Umweltorganisation das Beschwerderecht erhält, muss sie vier Voraussetzungen erfüllen:
- es muss sich um eine ideelle Organisation handeln;
- die Organisation muss seit mindestens zehn Jahren bestehen;
- es muss sich um eine Organisation handeln, die sich dem Naturschutz, dem Heimatschutz, der Denkmalpflege oder verwandten Zielen widmet;
- die Organisation muss gesamtschweizerisch tätig sein.

Eine derart legitimierte Organisation kann in der ganzen Schweiz gegen ein Vorhaben Beschwerde führen, das Umweltschutz- bzw. Natur- und Heimatschutzrecht verletzt. Missbräuchlich ist eine Beschwerdeerhebung nach der Rechtsprechung nur dann, wenn Beschwerdeführer keine rechtlich schützenswerten Interessen geltend machen, insbesondere dann, wenn aussichtslose Begehren allein zum Zwecke der Verzögerung eines Vorhabens gestellt werden oder wenn versucht wird, geldwerte Leistungen der Bauherrschaft zu erlangen, ohne dass dafür eine Rechtsgrundlage besteht.

Ob im Falle des Fussballstadions Zürich ein solcher Missbrauch vorliegt, ist aufgrund der bis dato zugänglichen Informationen nicht ersichtlich. Sollte sich im Laufe des Verfahrens herausstellen, dass tatsächlich ein Missbrauch besteht, wird es an der Beschwerdeinstanz liegen, gegen die beschwerdeführende Organisation vorzugehen.

6. In der Vergangenheit konnten bei Projekten, die der Verbandsbeschwerde unterliegen, mittels aussergerichtlicher Einigungsverhandlungen oft gute und schnelle Lösungen erzielt werden (z. B. Bareggtunnel). Es zeigte sich aber bei solchen Verhandlungen, dass insbesondere nicht verhandlungsgewohnte Partner oft elementare Voraussetzungen und Verhaltensregeln für das zielführende Verhandeln missachten. Dies belastet den Einigungsprozess über Gebühr und kann gar zum Verhandlungsabbruch führen.

Deshalb hatte das Cetel (s. Ziff. 1) empfohlen, für Verhandlungen der Umweltorganisationen mit den Projektträgern einen Ehrenkodex nach Art der französischen Charte de concertation einzuführen. Diese Zielsetzung übernahm in der Folge das Postulat der RK-NR 00.3188 vom 22. Juni 2000. Die darauf gestützten Verhandlungsempfehlungen des UVEK wurden in der Vernehmlassung weitestgehend positiv aufgenommen.

Die Verhandlungsempfehlungen befassen sich auch mit den oft als missbräuchlich kritisierten, faktisch aber sehr seltenen Kompensationszahlungen an die Umweltorganisationen. Solche Pauschalzahlungen als Gegenleistung für die Nichterhebung oder den Rückzug einer Einsprache oder Beschwerde widersprechen klar dem Zweck des Verbandsbeschwerderechtes.

Erklärung Urheberin/Urheber: nicht befriedigt

Chronologie: 19.03.2004 NR Erledigt.

Amtliches Bulletin – die Wortprotokolle

Zuständig: Volkswirtschaftsdepartement (EVD)

Mitunterzeichnende:
Bader Elvira – Bezzola Duri – Burkhalter Didier – Engelberger Eduard – Häberli-Koller Brigitte – Hegetschweiler Rolf – Hutter Markus – Imfeld Adrian – Jermann Walter – Leu Josef – Leutenegger Filippo – Loepfe Arthur – Lustenberger Ruedi – Messmer Werner – Müller Philipp – Müller Walter – Pfister Gerhard – Triponez Pierre – Walker Felix – Weigelt Peter (20)

Deskriptoren:
Verbandsbeschwerde; Investitionsvorhaben; Baugenehmigung; Einzelhandel; Sporteinrichtung; Konsumverhalten; Rechtsmissbrauch; Umweltorganisation; 12; 15; 52;